学びつづける教師に

——こころの扉をひらくエッセイ50

佐久間勝彦
Sakuma Katsuhiko

一莖書房

目次

第1章　嘘を嫌う体をつくる……7

第2章　〝島〟はいつも見えているか……63

第3章　教師が教師を逃げたら子どもは育たない……117

第4章 「仏様の指」で可能性がはぐくまれる

第5章　探しものずっとしてます　あると信じたものを　241

第1章　嘘を嫌う体をつくる

嘘を嫌う体をつくる——一本の線・一つの音・刃物研ぎ

作曲家の武満徹さんはその著『音楽の余白から』（新潮社）のなかで、知人から聞いた話だと断って、二人の方を紹介する。

一人は画家である。明治の初め、京都のある著名な日本画家のもとには、多くの弟子が習いに来ていた。弟子たちは思い思いに絵を描いて指導を仰ぎ、画家として名を上げようと志している。ところが、その中に《一本の線》を繰り返し引いて、時を過ごす少女がいた。少女はいつ見ても《一本の線》を引きつづけていて、けっして絵を描こうとしない。来る日も来る日も、ひたすら線を引きつづけるこの少女を不審に思い、画家はそれとなくその様子の観察に努めた。

この少女は、後年、文化勲章を女性として初めて受賞することになる上村松園であった。松園の日本画は、例えば平山郁夫さんによれば、「日本画というのは品格といいますか、画品を重んじますが、松園さんの作品には格調があります。抑制がきいているのです」と評価される（『上村松園　秘めた女の想い』・『巨匠の日本画』第5巻　学習研究社）。

平山さんは「描かれた線を一本見れば、その絵の『品』がわかる」と述べ、「どんなに技術的に優れた線を描いても、また、複雑な色合いの線を引いても、そこに中身がないと品がなく、いやらしく見える」とも指摘する（『ぶれない』三笠書房）。別の著書では、次のようにも語っている。

「線を描くことは基礎中の基礎だけに、なおのこと、本人が試行錯誤を繰り返すべきなのだ。何回も何回も線を引きながら、自分の線を摑まえていくのである。そうやって繰り返していくうちに、その人の特徴とか個性が見えてくるものである。それは、いわば『芸術的自我』とも呼べるものなので、その自我の芽生えは大切である」（『生かされて、生きる』角川文庫）

上村松園の画集をめくると、すだれの描かれた美人画が数多く見られる。例えば、48歳のときに第4回帝国美術院展覧会に出品した、二曲一隻屏風の「楊貴妃」の屛風（161、2×188、29㎝）には、何と高さ1メートルを超える御簾が二つも描かれている。そのすだれを見ると、一本一本の線はまるで「ほんもののすだれ」がそこにかかっているかのように引かれていて、実に美しい。

＊＊＊

武満徹さんが紹介するもう一人は、尺八の名人である。

その名は記されていないが、名人は朝早く起床すると庭に出て尺八を吹くことを慣わしとしていた。その吹き方はとても変わっていて、その朝、尺八に口をあてて、たまたま吹き鳴らすことになった「最初の一音」を、およそ2時間吹きつづけるのだ。

つまり、いま稽古を重ねているある曲を吹くというのではなく、また「今日はこの音、明日はこの音」というように、ある音を特定して稽古するというのでもない。無作為にたまたま吹いて出た「ある一音」を、2時間ずっと吹きつづけるのである。このような修練はふつうは考えられない。「名人が吹きつづける一音は、いつか、鉱物のように、無限の色彩と陰影を表している」と、武満さんは書き記している。

画家にとっての《一つの線》、音楽家にとっての《一つの音》。それと同じ《一つの何か》は、芸術の分野に限らずどの分野においてもあるにちがいない。

＊＊＊

小川三夫さんは高校生のとき、修学旅行で法隆寺を見て感激して宮大工を志した。そして、21歳のとき、西岡常一棟梁の初めての内弟子として許され、そのもとで修行を積むことになった。棟梁からまず言われたのは「道具を見せてみろ」であった。

そこで、鑿《のみ》や鉋《かんな》を見せると、ぽんと捨てられた。こんなものは道具ではないということだ。言葉で教え導くということをいっさいしない西岡棟梁は、ある日、「これと同じような鉋屑を削れるようにしろ」と言って、自身の削った鉋屑を渡した。それは向こうが透けて見えるような見事なものであった。

小川さんはその鉋屑を窓に貼った。そして、どうしたら棟梁の削ったそれと同じように透けた鉋屑が削れるか考えた。そのためにしなければならないこと、それは刃物が「大工の道具」となるようにしっかり研ぐことである。朝起きて飯を食ったら刃物を研ぎ、作業から帰って飯を食ったら刃物を研ぐ。時間があればひたすら刃物を研ぐ生活が、その日から始まった。ある真夜中のこと、一寝入りした西岡棟梁は物音に気づいて目を覚ました。物音のする方に歩いてゆくと、裏の納屋に黙々と刃物研ぎに励む小川さんがいた。

大工修行は「研ぎ3年」と言われるが、小川さんはその常識を飛び越えて、わずか1年で棟梁と肩を並べるほどの腕前に達した。法輪寺三重塔の再建工事が再開されたときには、西岡棟梁の代理を務めるまでになっていた。刃物を研ぎつづけた駆け出しの時代について、「後でわかるんだが、修行はそうやってただただ浸りきることが大事なんだな。／寝ても覚めても、そのことしか考えない時期をつくることや。／そうやって暮らしていれば、頭も体も大工らしくなっていく」と、小川さんはふり返る（『棟梁』文藝春秋社）。

＊＊＊

一流の人が「一つの線、一つの音、刃物研ぎ」といった修練に打ち込むのは、駆け出しのころに限られない。世間から高い評価が得られるようになってからも、その《一つの何か》の習練はおろそかにされることがない。

いったいなぜ、その《一つの何か》に心を砕くのであろう。小川三夫さんの前掲書を読んでいると、次のような言葉があって私は身が引き締まった。

「手道具は体そのものだ。体の一部として、考え通り、感じたとおりに使えなくては意味がない。その最初が研ぎや。（中略）嘘を教えれば嘘を覚える。研ぎは全くそうや。／ほんとうを覚えるのには時間がかかる。時間はかかるが一旦身についたら、体が今度は嘘を嫌う。嘘を嫌う体を作ることや。それは刃物研ぎが一番よくわかる」

小川さんが繰り返し繰り返し刃物を研いできたのは、「嘘を嫌う体」をつくるためであった。来る日も来る日も一本の線を引いて過ごした上村さんも、やはり「嘘を嫌う体」をつくるためであったのだろう。何本でも簡単にさっと引くことのできる線。しかし、中身のない線はいやらしい。そういう「嘘の線」を引いて、何とも感じない身になってはならない。ほんとうの線をしっかり体に覚えさせるために、ひたすら線を引きつづけたのだろう。

《石に言葉を教える人》に学ぶ

作家の柳田邦男さんは、ある夜、机に向かって考えごとをしていた。すると、次のような「幻覚的な情景」が脳裏に浮かんできた。その情景はまるで強迫観念のようになって、その後も、何かにつけて浮かび上がってくる。

——そこは、東北地方のどこかの山林のように見える。初老の男が小さな渓谷のほとりにある大きな角張った石に向き合って座って、ぽつりぽつりと話しかけている。石に言葉を教えているのだという。「どうやって言葉を教えるのか」と問いかけても、男は答えてくれない。保育園の子どもに教えるような口調で石に話しかけ、もう3、4年もつづけている。

男はある日、祖母が寝る前に作り話をしてくれた幼いころを思い出した。そこで、思いつくままに、石が楽しんでくれそうな作り話を語りかけるようにした。傍らのせせらぎの音が自分の語りに調和して、心地よいBGMの役割を果たしていることにも気づいた。そうこうして3、4年つづけていると、自分の作り話を石がちゃんと聞いているような気がしてきた。面白い話であれば笑ってくれるし、悲しい話であれば涙を流してくれる。

「石が言葉を発する日」がきっと来るにちがいない。男はそう確信して、石の感じている楽しさや悲しさを、2倍にも3倍にも増幅して感じるようになった。思わず手をのばしてさすったり、身を乗り出して抱きしめたりするようにもなった。

ある日、男は石を抱きしめて言った。

「おお、おお、おまえの心はわしの話を十分にわかってくれるんだなあ。わしにはおまえの心がよーくわかるぞ。おまえが言葉をしゃべるようになるまで、百年でも待とう。だが、もう言葉なんかなくても、おまえの気持は十分にわかるようになった。お前は形は石でも、やさしい心のある石なんだ。一緒に笑ってくれたり泣いてくれたりする石なんて、ほかにどこにあるだろうか」

——柳田さんの『石に言葉を教える』(新潮社)は、以上に述べたような話から始まる。冷静に考えるならば、このようなことは現実には起こりえない。「創作された幻覚的な話」にほかならない。しかし、私には、どこかで今も起こっていそうなことのように思えてならない。

私たちは気づかないでいるが、道端の石はいつも私たちの話すことに耳を傾けて聞いている。そして、小さくうなずいたり、聞こえないくらいのかすかな声で、思っていることや感じていることを私たちに伝えようとしたりしている。ゆっくり時が流れる自然の中にいて、石といっしょに息を吸って過ごしていると、いつの日か、こころが石とかよいあってくる。

＊＊＊

安藤哲夫さんは福島県立須賀川養護学校の教師であった。ある日、隣接する国立療養所に併設されている重症心身障害児施設わかくさ病棟に行き、毛布にくるまれてベッドに置かれているかのような子ども、在院8年、9歳3か月の勝弘君に出会った。

彼は両眼球形成不全症で一方の目には瞳孔がない。また高度の難聴で残聴が全くないと思われるほど反応がない。そしてまた重い脳性マヒで言語もない。さらに歩行不能で運動の自発も全くないという、生まれながらの「五重の重い障害」を一身に背負って生きる子どもであった。

さわれば折れそうなほど細い手足。とても9歳とは思えない痩せた身体。表情というものが全く感じられない蒼白い顔。勝弘君はいつ見ても海老のように身体を折り曲げ、まるで「ひとつの物体」がそこに置かれているかのように、薄暗いベッドに横たわっている。

病棟の指導員は「自分から動くということがまったくなく、親や病棟の職員にも何の反応も示さず、本能的に食べて排泄し、ただ生きているだけ」と認識していた。したがって、この8年間、何かの手立てを講じてみようと考えることもなかった。しかし、安藤先生は違った。同じ人間であるのに教育の対象外に置かれて、このような姿で一生を終える。そのようなことを見過ごしていいはずはない。――そう思って、養護学校の公務のなかから5分、10分というわずかの時間を作り出しては、勝弘君の病床を訪れることにした。

だがしかし、教師としていったい何ができるというのだろう。

安藤先生がすること、それは、生まれたばかりの赤ちゃんのように「やわらかくて小さい勝弘君の手」を握って自分の頰に当て、また自分の手を勝弘君の頰に当てて、ベッドの上に覆いかぶさるようにして、耳もとで「勝弘君、安藤先生だよ」と声をかけることであった。医者からは「耳は全く聞こえない」と聞かされていた。が、それでも毎日欠かすことなく、同じ言葉と同じ動作で勝弘君に接した。2か月つづけてみた。しかし、勝弘君には何の反応も変化も見られない。それでも、安藤先生はそのはたらきかけを止めることはなかった。

3か月、ということは90日つづけたある日、安藤先生の心は勝弘君に通じた。「勝弘君、安藤先生だよ」といつものように声をかけたところ、彼は「天使のような笑顔」でそれに答えた。

＊＊＊

季刊誌『いま、人間として』(径書房)は、その序巻として『いのちを問いなおす』を出版した。安藤先生たちの実践を紹介する同書の冒頭には、勝弘君の11枚の写真が掲載されている。筋力がないために軽い積み木すら持つことができなかった彼は、6年後には綱をしっかり握って揺れ動くブランコにうれしそうに乗っている。アジサイの咲く花壇の縁に座ると、両手で花を引き寄せてその香りを嗅いでいる。悲しがったり嫌がったり嬉しがったり得意になったりしている写真が4枚あり、養護学校小学部の卒業式を終えて卒業証書の入った紙筒を握って納まる写真もある。

林竹二さんは述べる。「普通の子よりも何十倍も何百倍も長い道のりを勝弘君は、そのわずかな力をふりしぼって歩き通したのである。重い障害を持っている子らの歩みは極端にのろい。しかし、どんなにのろくとも、微々たるものでも、確実に進歩があり成長があるということを、この子らにかかわりつづけた安藤さんや仲間の教師たちは、その子らとの深いかかわりを通じてたしかに学んだ。かれらほどたくさんのだいじなことを子どもから学ばせてもらったしあわせな教師はあまりいないのではないだろうか」

石に言葉を教えても、残念ながら石には何も伝わらないであろう。しかし、この世に誕生した子どもは、教師がねばり強く語りかけはたらきかけるならば、必ずその思いを受け止め、奥深くに眠らせていた力を呼び覚ましていく。

子どものゆたかな可能性を眠らせたまま人生を歩ませていくか。それとも可能性を一つひとつ引き出して、生きている幸せをかみしめる人生を送らせるか。それはひとえに、教師の教育観と人間観、そして子どもへの具体的な関わりのありようによって定まる。

＊　＊　＊

小さな渓谷のほとりで、大きな角張った石に向き合って座り、ぽつりぽつりと話しかける人は、ほんとうにいないだろうか。通りかかるたびに歩みを止めては石に語りかけ、返ってくる言葉に耳をすます人は、ほんとうにどこにもいないだろうか——。

柳田邦男さんは私たちに一つの提案をする。それは教室の机や柱、あるいは校庭の木や彫刻などからどれか一つを子どもたち一人ひとりに選ばせ、自分の選んだ対象物の前に椅子を置いて座らせ、その対象物に一時間、言葉を教えるという〝実践教育〟を毎月一回くらい行うことである。

子どもたちは「はじめはどうしていいかわからないにちがいない。わからなくて困るのが大事なポイントになるのだ。困って困って困ったなかから、自分なりに何か言葉かけを始めるだろう。そうやってこそ、子どもたちは考える力や自分の言葉で語る力を獲得できる」。柳田さんはこのように語る。

佐渡裕と辻井伸行
——幼いころから〝凄い瞬間〟を感じ取ってきた音楽家

指揮者の佐渡裕さんのもとには、世界中から膨大な数の音楽のテープが送られてくる。なかなか時間の取れない佐渡さんは、風呂に浸かりながらそれらに耳を傾けることがよくある。ある日、そうして送られてきたテープを聴いていたところ、思わず大声で「もっと音を大きくして」と伝えていた。「すぐにでもこの子に会いたい」と思ったそのピアノ奏者は、中学1年の辻井伸行さんである。

佐渡さんは「あの時瞬時に感じたのは、伸行くんが心底音を楽しんでいる感覚でした」とふり返り、次のように述べる。「初対面の時にいきなり『弾いてよ』と頼んだときもそうでした。彼のキラキラした音が飛び出してきた。まるで伸行くんにだけスポットライトが当てられているようにすら感じたものです。演奏を聴きながら涙が止まらなかった。彼についている音楽の神様が姿を現したような瞬間でした」（辻井いつ子『のぶカンタービレ』アスコム）

読売交響楽団の「第九」の指揮を終えた芸術劇場で、佐渡さんは伸行くんと初対面した。彼が弾いてくれた曲は大好きな「スケルツォ第2番」。ピアノを弾きながら、泣き出しちゃっている佐渡さんに彼は気づいていた。演奏が終わるとぎゅっと抱きしめられ、「すごい。感動したよ」と伝えられた。

＊＊＊

あれから7年、辻井伸行さんは21歳になってヴァン・クライバーン国際ピアノコンクールで優勝を飾った。母いつ子さんの執筆した前掲書と『今日の風、なに色?』（アスコム）には、盲目の子がどのようにして世界的なピアニストに成長していったか、そのために母として何をしてきたかが書き綴られている。

いつ子さんはわが子の妊娠が分かると、チャイコフスキーのピアノ・コンチェルトを毎日聴いて過ごし、育児する身になってからは、音のするおもちゃで遊ぶのが好きなことを知って、おもちゃのピアノを買い与えた。何か歌っていないと機嫌をそこねるので、知っているかぎりの歌を歌いつづけた。生後8カ月のころ、伸行さんはブーニンの弾くショパンの「英雄ポロネーズ」がとてもお気に入りで、テーマの部分に来ると、両足をバタバタさせて全身でリズムを取って喜んでいた。

いつ子さんがしてきたことは、世界の一流の演奏家の「音」を聴かせることだけではない。「伸行は見えなくても心で感じとっているから」と実感して、美術館にもどんどん連れて行った。例えば、ウイーンの美術館ではガラス越しに指を絵に添ってふれさせ、構図を説明しながらクリムトを見た。「美しいものがあるなら、どんなところにでも」と思って、熱海の花火を見に行ったし、沖縄に行ったときには沈む夕日の荘厳なまでの光景を一緒に見て、心の震えるような体験もした。

＊＊＊

佐渡裕さんは小学時代をどう過ごしただろう。佐渡さんは京都市交響楽団の定期会員となっていて、チケットを自分で買い求めて一人で演奏会に出かけていた。

少しも良いとは思えないような演奏に拍手している大人がいると、「何が面白いんだ」と憤りを覚えて会場を後にした。演奏が終わってもひとつも汗をかかず、また髪も乱れていないような指揮者がいると、嫌悪感を強く抱きもした（『感じて動く』ポプラ社）。しかし、１００回演奏会に行くとそのうち何回かは、わけもなく涙があふれてならなくなる。そういう〝凄い瞬間〟を味わったときは、演奏会の模様を家族に話してやまない少年であった。

佐渡さんは前掲書で、カラヤンの次の言葉を紹介する。

「子どもたちの前で演奏会をすることは非常に意味があって、それはいい音を届ける以上に、大人が子どもたちの前で一生懸命やっていることを見せることだ」

〝凄い瞬間〟との遭遇は、佐渡さんが指揮者の側になってからも何回となく訪れた。例えば、当時70歳くらいであったアリシア・デ・ラローチャさんの演奏する、モーツァルトのコンチェルトを聴いたときである。

「彼女が一曲目に弾いたのは、喫茶店でもよくかかっているような、モーツァルトの明るい曲だった。／しかし、最初の音がポンと出た瞬間、その音があまりにも悲しく聴こえ、ポロッと涙が出てしまった。たった一音で感動したのだ。その音は、あまりにも美しく、あまりにも哀しかった。／モーツァルトが天才だと言われるのは、明るい曲を書いても、その中に、とてつもない哀しさが秘められていることにあると思うが、それを見事に表現し、心の奥底にまで響かせたアリシアさんは素晴らしいと思った」（『僕はいかにして指揮者になったのか』はまの出版）

演奏会に出かけると、私たちは演奏者の奏でる「音楽」に耳を傾ける。しかし、佐渡さんによれば、聴衆の耳に入ってくるのは「楽器の物理的な音」だけではない。「ステージにいる人が心で震わせた空気」が「客席にいる聴衆の心」を震わせ、その一人ひとりの心の震えが聴衆と演奏者をさらに震わせ……というように、〝共鳴しあう震え〟もいっしょに耳に入ってくる。

＊　＊　＊

先にふれたように、伸行さんは生後8カ月のころ、ショパンの「英雄ポロネーズ」を聞いて、演奏がテーマの部分にくるとリズムを取って、足でふすまをバタバタたたいていて喜んだ。

毎日毎日、何回も何回もプレーヤーにかけるので、そのCDの表面には傷がついて、あるところまでくると止まってしまった。やむをえず別の曲をかけることにしたのだが、彼の表情はすぐれない。そこで、いつ子さんは楽器店に行って、新しい「英雄ポロネーズ」を買い求めてきた。

ところが、そのCDをかけても彼の機嫌は直らない。もうこの曲は嫌いになっちゃったんだ。

そう考えて、なだめたりあやしたりした。

もしかすると、演奏者が違うのでそれが気に入らないのかもしれない。そう思って聞き比べてみると、二つの演奏はずいぶん異なって聴こえてくる。もし、ブーニンの「英雄ポロネーズ」を聴いて機嫌が直ることになれば、彼の「耳の力」の証明になるだろう。そう考えてブーニン版を買い求め、プレーヤーにかけてみると、彼は以前と同じように、手足をバタバタさせて全身で喜びを表した。

伸行さんが好きだったのは「ショパンの英雄ポロネーズ」ではなく、ブーニンの演奏する「英雄ポロネーズ」であったのだ。

神尾真由子がバイオリンを演奏するとき

第13回チャイコフスキー国際コンクール・バイオリン部門（平成9年6月）で、優勝に輝いたのは神尾真由子さん（21歳）である。ドキュメント番組「強く強く　バイオリニスト　神尾真由子・21歳」（NHK）は、その演奏家としての優れた資質をたっぷり伝えてくれた。

神尾さんは「チャイコフスキーを演奏すること」について、「演奏者は別に何かしなくても、曲がいいのです」と言い切った。また、「お客さんのために弾いている」か、それとも「自分のために弾いている」かと問われたときは、しばらく間を置いてから次のように答えた。

「どっちでもないです。［お客さんのため］に弾いているというほど、そこまでサービス精神が旺盛ではないですし、もちろん［自分のため］でもないんです。むしろ、《再現している》ぐらいの気持ちですね。例えば、古い絵がボロくなってきたら、タッチアップ（修復）する人がいるじゃないですか。あのくらいの感じです。［弾いてあげる］なんていうんじゃなくて、私が主役ではなくて主役は曲なので、［演奏してあげてるのよ］なんて考えたことはないですね。自分は出すぎてはいけない。作曲家の血と汗のにじんだ価値観に近づきたいんです」

＊　＊　＊

神尾さんは「演奏会の主役は、演奏者でなくて《楽曲》である」と述べるが、演奏家というのは、誰でもそのように考えているのだろうか。「私の名演奏を聴かせてあげよう。お客さんは私の演奏を聴きに来てくれるのだから」と思って、舞台に上がる音楽家はいないのだろうか。というのも、演奏会に出かけるとき、私には「楽曲を聴きに行く」というより、「このピアニストの演奏を聴きに行く」という意識のほうが強くあるからだ。ある演奏会でプログラムの変更が伝えられて、別の曲目が演奏されることになったが、そのことに不満を漏らす聴衆はおらず、著名なピアニストのその「演奏」を堪能していた。

21歳の神尾真由子さんは「演奏する自分が出すぎてはいけない」と戒め、楽曲の価値が損なわれることのないように心している。そのことを名画に譬えて述べるのだが、確かに、名画と言われる絵画には、どのように時代が変わろうとも、見る人の心をとらえる力がある。しかし、年月が経って古びてくれば、微妙に色調が変質したり剝げてきたりする。そのような場合には、修復する職人が顔料を吟味して、創作にあたったそのときの巨匠の分身になってタッチアップする。神尾さんはその職人と同じような気持ちで、音符で書き綴られた楽曲の世界を再現しようと志す。

しかしながら、「楽曲のタッチアップ」は、絵画のそれとは比較にならないほど難しいであろう。創作されたばかりの楽曲の場合にも言えることだが、作曲された音楽を《再現する》手立ては、楽譜に書かれた音符や記号を介する以外にはない。巨匠がホールに鳴り響かせたかった楽曲は、どういう音楽だっただろう。からだとこころのなかに流れていたそのときの音楽を想像し、巨匠に「これでいいですか」と尋ねるようにして演奏していく。それが神尾さんの述べる「楽曲のタッチアップ」なのだろう。

プログラムの曲目を変更して演奏したピアニストについてふれたが、その場合も、「変更した楽曲が演奏会の主役」であると認識して、その楽曲をタッチアップする思いであったのかもしれない。

ところで、山村暮鳥の詩を教材にして授業するとき、私はどのような気持ちで授業に臨んでいるだろうか。暮鳥の詩じたいがいいので、その詩に子どもたちが直にふれて、ういういしいその感性で詩の世界を味わってくれればいい。私が出すぎて暮鳥の詩のゆたかないのちが損なわれてはならない。このような謙虚な認識をもって授業に臨んでいるだろうか。

子どもたちを教材の世界に誘うためには、「適切なはたらきかけ」が求められる。さりげなくその「はたらきかけ」を行うためには、教材をして私の内面奥深くにくぐらせなければならない。そう自覚して授業に臨んでいるだろうか。

＊＊＊

テレビ番組は後半、神尾さんが練習のために何度も何度も書き込んだチャイコフスキーの楽譜を映した。そこには、演奏するにあたって心に留めようとする様ざまな留意点が、簡潔にいくつもいくつも書き込まれていた。「→」という記号があちこちに見られるので、取材者は

「→」は何を意味しているのか聞いてみた。

「それは、沈殿しないように、ちゃんと流れていくように、『流れをせき止めないようにする』ということですね。パン食い競走で、パンの所で止まっちゃう人がいますね。ちゃんとゴールに行かなくちゃいけないのに、パンを全部食べたいためにパンの所でいちいち止まっちゃう。演奏者としてやりたいところがいっぱい出てくる。それがパンですね。一かけらぐらいにしてゴールを目指したらいいのに、パンに目を取られて全部を食べるうちに、ゴールはまだまだというようなことがありますね。私はサラッといっちゃいますね」

神尾さんは比喩を適切に生かして、自らの心の内を披瀝できる演奏家である。察するところでは、他の芸術はもちろんのことだが、日常の様ざまなことがらに対してもひろく心をひらいて感性を研ぎ澄まし、やわらかでかつ芯のある生き方をしつづけてきているのだろう。

＊＊＊

パン食い競走に譬えられている「→」は、授業者も心して授業に臨まなければならない、たいせつなことである。授業で目指さなければならない《教材の核》は、ずっと先にある。そのことはとっくに知っているはずなのに、どうでもいいような箇所を次々に取り上げて問いかけ、子どもの追究意欲をそのたびに萎えさせていく。「さあ、これから山頂を目指すぞ」と号令がかけられた終盤には、余力はもう残されていない。

教材を扱う場合にも、楽譜の場合と同じように「さらっと通り過ぎてかまわない部分」と

「徹底的にじっくりと迫らなければならない部分」がある。その見極めが的確にできない教師の授業は〝各駅停車の電車〟になって、あちこちに止まってちょこちょこ考えさせるが、各駅での停車は次の追究を深める布石にならない。他方、見極め力のある教師の授業は、快速電車のように主要駅のみにほどよく停車して、テンポよく走って一気に《教材の核》に迫っていく。

気にとめる必要のないところはさっと通り過ぎ、作曲者が思いを込めたところに全力を傾注しなさい。そうしないと、曲の流れがせき止められて沈殿してしまう。——神尾さんが楽譜に書き込んだ「→」は、自らに言い聞かせ、また自らを戒めるための《暗号》であった。

まぎれもなく《じぶん》に読み聞かせてくれている人

「『現場としての授業』をつくるために力をみがきあう会」では、1月前に次回の教材（短歌など）を提示する。参加者はその教材と折にふれて向き合い、考えたいことや味わいたいことをあたためて集う。そして、持ち寄られた発問も生かしながらの私の模擬授業を受けて、教室を《現場》に変えるために必要な力量をみがきあう。

ある例会で取り上げられた教材は、恩田規子さんの「償いのように絵本を読み聞かせ叱ってばかりの今日を閉じゆく」（『朝日歌壇』平成21年5月18日）であった。

作者は母親と思われる。その日、幼いわが子を朝から叱ってばかりいた。そのことを深く悔い、絵本を読み聞かせてわが子を眠りにつかせようと努めている。「今日を閉じゆく」という結句に、作者の心根の誠実さが感じられる。

そのように感じられるのは、短歌が「償いのように」と書き出されていることにもよる。いつもなら冷静さを失うことなく接していたのだが、今日はつい感情的に対してしまった。「ごめんね」と何回謝ったとしても、許してもらえないであろう。それほどきつく叱りつづけた作者である。

夕食中も夕食が終わっても、わが子はおどおどしていて、いつもの面影が感じられない。叱りつづけられたことが沈降しているからにちがいない。「埋め合わせ」をきちんとしないとわが子は《じぶん》を失ってしまう、そう思って、絵本を一冊一冊、内面に届けるように読み聞かせる作者である。

重松清さんの小説『かあちゃん』（講談社）のなかに、次のようなくだりがある。

「謝ることと償うことって、違うよね。『謝る』は相手にゆるしてもらえないと意味がないけど、『償う』は、たとえ相手にゆるしてもらえなくても……っていうか、ゆるしてもらえないことだから、ずっと償っていかなきゃいけないと思うの」

「償う」と「謝る」の違いに着目して作者の内面を推察して短歌を味わっていると、次のような発言が出されていった。

○作者はわが子に読み聞かせるというよりは、自分自身に聞かせるように読んでいる。
○わが子が眠りに入ったあとも、寝顔に目をやりながら、作者はしばらくの間読み聞かせをつづけていた。
○まだ家事が残っていたのに、わが子のぬくもりを感じた作者は自分もいつか眠りに入っていった。
○お母さんにほめてもらえるようないい子になろう。そう思いながら、母の読み聞かせに耳を傾けて眠りに入るわが子であった。

＊＊＊

柳田邦男さんは平成11年に「大人こそ絵本を読もう」と呼びかけ、その4年後、「いま、大人にすすめる絵本」というプロジェクトをスタートさせた。反響は予想を超えて大きく、毎年、数百の絵本体験が大人の読者から寄せられている。

ある母親（Nさん）は、次のような便りを柳田さんに届けた（『生きなおす力』新潮社）。

「私は子供に本が好きな子になってもらいたくて、妊娠がわかった二カ月めぐらいから、毎日、お腹の中の子に絵本を読んでいました。はじめは、胎教の一つとして考えていたのです。でも、その子が生まれて間もなく、私が絵本を読むと、手足をバタバタさせ体全体で面白い‼と表現してくれるのです。生後二カ月めぐらいには、毎日たて続けに絵本を十冊は読んでいました。十冊なんて、あっという間に読み終わってしまうのです。今八カ月になります」

胎児のすこやかな誕生を願うならば、モーツァルトの穏やかな楽曲などを聴かせるといいという助言はかなり以前からあった。その勧めにしたがって胎教に努める母親は、今も少なくないであろう。しかし、胎児には「絵本を読み聞かせるといい」といった教えは耳にすることはなかった。読み聞かせを楽しみながらわが子の誕生を心待ちにする母親がいるなど、思いもしないことであった。

柳田さんも同じ思いであった。「そういうことを思いつくというのは、やはりみごもったわが子を限りなく愛しく思う母親ならではのことなのだろう」と推測する。しかし、CDの音楽に耳を澄ましてやすらかな気持ちになるというのであれば、絵本を読み聞かせる母の声にじっと耳を澄ます胎児がいても不思議でない。もしかすると、「昨日と同じ絵本を読んで」と、そっと母に知らせることだってあるかもしれない。胎内でそのようにして数カ月を過ごせば、母の声や語り口にはすっかり慣れ親しみ、聞いた話もからだのどこかで覚えて生まれてくるかもしれない。

Nさんは誕生後のわが子の様子について、次のように教える。「でも、不思議なことに、主人が絵本を読むと、泣いてしまうのです。主人も一生懸命、かわいい声を出して読んでいるのに。私の声に慣れてしまったのか、それとも子どもの中の絵本のイメージがくずれてしまったのか不思議でした」

Nさんによれば、愛し子は生後6カ月を過ぎたころ、ようやく父の読み聞かせに慣れてくれた。しかしそれでも、大好きな絵本『うずらちゃんのかくれんぼ』(福音館書店)の読み聞かせについては、さらに2カ月後まで母だけにおねだりしたという。

＊　＊　＊

「じぶんが子どもだったら、と考えてみる」と書き出して、次のように述べるのは哲学者の鷲田清一さんである(『噛みきれない想い』角川学芸出版)。

「ひとりで寝つくとき、枕元で母親が本を読んでくれるとする。そのとき、淀みない朗読にはたして心はほどかれるだろうか。字を読みまちがえてもいい。劇的な抑揚はなくてもいい。途中で居眠りして中断してもいい。それよりも、読みなれない本を、無理して、眠たいのを我慢して、じぶんのために読んでくれている。そういう場面にじぶんがいられることが心底うれしいのではないか。声がまぎれもなくじぶんに向けられているということが」

そして、鷲田さんは次のように文をつづける。「なれた朗読から響いてくるのは、不特定のひとに向けられた声だ。めりはりのある、緩急のある、澄んだ声。それはわたしに向けられているというよりも、だれが聞いても耳あたりのよい声だ。（中略）じぶんがだれかにたいせつにされていると感じられること、それをこそ子どもは望んでいる」

声がまぎれもなく《じぶん》に向けられている。《じぶん》がだれかにたいせつにされている。絵本を読み聞かせられるとき、また何かを語られるとき、子どもが何よりも聴ききわめたいのはこのことなのだろう。たどたどしくてもいいし、ぎこちなくてもいい。もちろん、つっかえつっかえであってもいい。そういう「読み方の上手・下手」は、子どもにとって大した問題とならない。《じぶん》のために時間をつくって読んでくれている。そのことを感じ取って静かに耳をかたむけるのだろう。

＊　＊　＊

ある日、胎内にいるとどこかから聞きなれない声が聞こえてきた。耳をそばだてると、《じぶん》に向けて届けられていることが、それとなく伝わってきた。この世に誕生してから、耳もとで読み聞かせてくれる母の声を耳にした。あのときの声の主はこの人だったと気づき、思わず足をバタバタさせて〝拍手〟を送った。

償いのように絵本を読み聞かせ叱ってばかりの今日を閉じゆく――。この短歌の作者は母親ではなくて教師ではないか。今日は朝から、子どもたちを叱ってばかりいた。そのことをふり返るといたたまれない。帰りの時間、絵本の世界を一人ひとりの子どもの心の深みに届け、償いの気持ちを伝えようとしている。

研究会では、そういう実直な教師を思い浮かべる参加者もいた。

「工場」を「こうじょう」と読むとき、「こうば」と読むとき

「工場」という言葉は、「こうじょう」とも「こうば」とも読むのだが、その語感の違いはどこにあるのだろう。

『新明解国語辞典』（三省堂）によれば、「こうじょう」とは「多くの労働者を使って機械などで物を生産する所」であり、「こうば」とは「こうじょう（工場）の、一時代前の表現。やや小規模のものを指すことが多い」とある。確かに「こうば」と言うとき、多くの人は町中で見かける「規模の小さい工場」を思い浮かべるであろう。

小関智弘さんは、高校卒業後51年間、大田区の町工場で旋盤工として働き、その体験を生かした多くのルポや小説を執筆してきた。小関さんは「こうじょう」と「こうば」について、その規模の大小で使い分けることをしない。「工場」なる施設を、何から思い浮かべてその映像を描くか。私たちの視座の違いによって、読み方が異なると言う。

つまり、「工場（こうじょう）」と言うとき、人はまず「建物」を思い浮かべ、それから、そのなかで動いている「機械」に目線を向け、そして、そこで「人間が何やら仕事をしているという光景」を視野に入れる。それに対して、「工場（こうば）」と言うときは、まず「作業服姿

の人間」が大きく目に入ってくる。それから、その人が使っている「機械」に目が移り、最後に「機械を囲う建物」が視界に入る。「だから、わたしは『工場（こうば）』にこだわります」と述べる（『手仕事を見つけたぼくら』小学館文庫）。

小関さんの好きな職人言葉の一つに、「拵える（こしらえる）」がある。「拵える」は、訛って「こさえる」とも発音されるが、それは単に、「つくる」とか「製造する」といった営みを言っているのではない。「あれこれよく考えて、思うようなものに仕上げる」という職人の魂が込められて使われているからである（『職人ことばの「技と粋」』東京書籍）。

「豊かなことばを持っている、ということは、それだけ豊かな手ごたえを持っているということに等しい」と小関さんは述べる。

＊＊＊

小関さんの著書に『職人学』（講談社）がある。様ざまな分野で一目を置かれる職人の凄さについて紹介し、その腕はどのようにしてみがかれてきたか私たちに伝える好著である。

例えば、帝国ホテルの料理長で名高かった村上信夫さんは、その修行時代、先輩の料理人が調理を終えた鍋や客が食べ終えた皿を洗う日々を過ごした。鍋や皿の汚れを洗い落とすのだが、村上さんはこびりついたソースや汁を指でこそげては、それを舐めて舌を鍛えた。

平野清左衛門商店は神田の老舗の金属商である。２代目社長の平野清五さんは、ある大学の倉庫で保管されていた金属材料がごちゃごちゃに混ざってしまうハプニングが起きたとき、それらの識別を依頼された。おおかたの金属はその色で識別できたが、色での識別ができないものについては一つひとつを舐めて判断した。数点の金属については１００％の自信が持てなかったので、大学に材料分析を要請した。舌で舐めて一応の判断はつけておいた平野さんの鑑識は、材料分析の結果と見事に合致した。「たぶん、それぞれの金属が持っている熱伝導の差が、舌の先に、味のちがいのようなものを感じさせるのでしょうね」と平野さんは述べる。

福島の畑地で百姓に徹した吉野せいさんは、夫の逝去後71歳で筆を執るようになり、『洟《はな》をたらした神』（彌生書房）を出版した。同著は「大宅壮一ノンフィクション賞」などを受賞し、そのご褒美としてヨーロッパ旅行がプレゼントされた。はじめての異国の旅となったが、吉野さんは名所旧跡は訪ねなかった。果樹園のひろがる農村を巡って歩いては、行く先々の果樹園でその畑の土を口にして舐めつづけた。

「職人の極み」についてこうして知らされると、職人のその舌は私たちのそれとは違って、微妙な違いを舐め分けて〝仕事をする舌〟であることに驚く。

＊＊＊

武田常夫さんが島小に転任したのは、25歳のときであった。武田さんは斎藤喜博校長に連れられて教室を巡り、それぞれの教室で行われている授業に対して加えられる批評を聞いて、授業の見方を教わった。しかし、「そのきわめて具体的な鋭い指摘がわたしにはときどき分からなかった」と、武田さんは率直に述べる。

例えば2年生のある教室に入ったときには、教師が見当たらなかった。子どもたちは集まりたいところに集まって、算数の教科書とノートを引きすえて話し合ったり、書き込んだりしている。てんでんばらばらに勝手なことをやっているように見えるこの教室で、教師はいったい何をやっているのか、武田さんは首をかしげた。斎藤先生は「子どもが動いていますね。教室に張りがあるのがわかるでしょう」と指摘する。しかし、その状況がどうして肯定的に、そして満足げに評価されるのか分からなかった。また、「張り」とはどういうことなのかも、さっぱり理解できなかった。

ある日、武田さんは「美を求めて」の国語の研究授業を行ったが、予期に反してまずく進んだ。「むし暑かったせいなのかもしれない」と気を取り直していると、斎藤先生に「武田さん、この授業で何を教えたかったんですか？　授業には、明確で具体的な目標がないとだめですね。それがないと、子どもは動きませんよ」と指摘された。「斎藤先生のおだやかな批評がわたしにはかえってつらく感じられた。それは、これほど自明な教師の仕事をほとんど放棄しながら、なおかつ子どもが動かない責任を子どもみずからに負わせていた自分のおろかしさへの悔恨であった」

このように自身を省みた武田さんは、「自らを教師として自立させるための仕事」に立ち向かっていく。「わたしはようやく、島小の先進たちと自分との間に存在する恐るべき力の相違に気づくようになった。授業をして、そこで打ちのめされて、はじめて、わたしは自分の力を

知ったのである」(『真の授業者をめざして』国土社)

＊＊＊

「学校」という言葉を聞くとき、私たちはどのような映像を思い浮かべるだろう。まず校舎と校庭が思い浮かび、次に教室の黒板と机・椅子などが見えてきて、教科書をめくりながら教師の話を聞いてノートする子どもが見えてくる。そういう人が多いかもしれない。

しかし「学校」というと、目を輝かせた子どもたちが真っ先に思い浮かび、頭をひねりながら教材と格闘する子どもの姿が目に入ってくる。教室からは歌声が聞こえてきて、校庭には子どもたちのはずむ声が飛び交っている。そういう「学校」を思い描く人もいる。子どもの集中する授業を〝こさえたい〟と思って、教材と誠実に向き合う教師もその人の視界に入っているだろう。

真鰯がわたしをじっと見つめてる人の鮮度を測る目つきで

真鰯がわたしをじっと見つめてる人の鮮度を測る目つきで　河原ゆう

「NHK短歌」（平成22年5月22日）の入選歌である。スーパーの魚売り場であろうか、作者はどの真鰯の鮮度がいいか、先ほどからさかんに見比べている。台所でいよいよ調理に取りかかるときかもしれない。真鰯は目が黒く澄んでいて、鱗がちゃんと残って腹がふっくらして、全体に光沢があれば活きがいい。

目や鱗や腹や光沢を見比べ「鮮度」を確かめていた作者は、ハッとした。もしかすると、わたしの方が「人間としての鮮度」を測定されているのではないか――。なぜなら、真鰯の目は据わっていて、私をじっと見つめているからである。「オレより鮮度は落ちるな。こいつに食べられるのか、気が進まないな」とか、「いいぞ、オレより活きがいいじゃないか」とつぶやいて、わたしの品定めをしているのかもしれない。思わず身を引き締めて真鰯と対する作者であった。

「『現場としての授業』をつくるために力をみがきあう会」は、この短歌を取り上げて教材研究をした。「作者は《人の鮮度》が真鰯に測られていると言うんですが、そのような感じをもったことはありませんか？」と尋ねると、7年間学童保育にたずさわった学生が、次のように話してくれた。それはスーパーや台所で魚に見つめられていると感じた体験ではなく、幼い子どもと関わっていたあるときのことであった。

子どもの話を聞いて「おもしろいね」と相槌を打ったとき、「先生、ほんとにおもしろいと思ってるの？　思ってないでしょ」と言い返されてドキッとした。「おもしろいね」に心がこもっていないことが、見すかされてしまったというのである。

この発言があって、真鰯が測る「人としての鮮度」の問題は、子どもが測る「教師としての鮮度」に移り、わが子が測る「親としての鮮度」にも話題は移っていった。それからさらに、教師が測る「子どもたちの鮮度」や親が測る「わが子の鮮度」も視野に入ってきて、教室は《現場》になった。

登校してきた子どもを教室で迎えると、その動作や言葉や表情から「昨日とはどこか違うな、はつらつさが感じられないな」と感じられることがある。授業中の様子を見ていて、どことなく〝陰り〟が感じ取れると気がかりになる。それとは反対に、何かが弾けたようにさっそうと登校する子どももいる。一人ひとりの「鮮度」にいつも目を配って、的確に対応していく。それは教師がそなえたい資質の基本である。

しかしその同じときに、子どもたちもまた教師の語る言葉や授業のはこびから、「教師の精彩」を感じ取っている。「教師の精彩」とは「教師としての鮮度」と言っていい。そういう双方向のなかで教育は行われているのだが、この認識を欠いて子どもと対する教師は少なくない。

＊＊＊

「鮮度」が気になるのは、新鮮さが売りものの魚や肉や野菜などの食品である。その「鮮度」は刃物の「切れ味」に通ずる。

小関智弘さんは町工場に勤め始めたとき、「刃物の切れ味を耳で聞くんだぞ」と先輩職人から教えられた。このことばがどんなに「味わい深いもの」であるかは、旋盤工の経験を積むにつれて身に染み込んできた。鉄を削る刃物はバイトと呼ばれるが、「切れ味のいい刃先」から出る切削音は、耳をすますと一様に澄んでいるからであった（『職人学』講談社）。

「機械の異常を音で聞きわける、手で触れて振動や熱で判断する、匂いで嗅ぎわけるなどは、熟練工ならではのことである。人間の五感はセンサーだからである。それによって、大きな故障を未然に防ぐことができる」と、小関さんは語る（『職人力』講談社）。

その「切れ味」であるが、それは「刃物の切れ具合」について言うばかりでなく、例えばピッチャーの投げるスライダーの「切れ具合」についても言う。そしてまた、私たちの「才能や技能などの冴え具合」に対しても言われる。「冴え具合」とは「技術や腕前などが際立って鮮やかに発揮される」（『明鏡国語辞典』大修館書店）程度であり、「『頭が冴える』『技が冴える』のように、思考力や技術が滞りなく発揮される」（『類語例解辞典』小学館）程度である。

授業のはこびに〝教師としての冴え〟が見られず、一つの形式のなかに授業をはめ込む気配が濃厚になってきたとき、子どもたちの精彩は薄れて教室に気だるさが漂い始める。「子どもの鮮度」が気にかかったのならば、その要因の一つに、自身の「教師としての切れ味」の低下がありはしないかとふり返ってみたほうがいい。

＊　＊　＊

榊莫山さんは三重県伊賀市に居を構え、「書」の世界を独自に切り開いてきた。84歳の生涯に幕を閉じたが、老齢にさしかかったある日、からだじゅうに激震が走った。その日、いつものように筆を執って書き始めると、筆が止まってしまった。なぜなら、「自分のマネをして」書いていることに気づいたからである。

榊さんの書は独創的ではあるが、書のテーマは50年変わりなかった。墨をすって筆をとるが、書きあがるものは明らかに「昨日の自分」のマネの域を出ていない。染み付いてしまったこの惰性を断ち切らないと、書家としての身がすたれていく。その恐ろしい事実に気づかされたのである（NHKテレビ「みみをすませば――あの人からのメッセージ総集編」平成22年12月31日）。

こうしてずっとやっていると、上手な人のつまらなさというのが、どんどん目に入ってくる。あんなふうにはなりたくないって。そういうふうになりました。――このように述べるのは、俳優の市原悦子さんである（『ひとりごと』春秋社）。

授業を参観すると、上手なはこびではあるが子どもの心が少しも躍っていない。こんな授業はしたくないと思うことがある。そういう授業のはらむ問題性は、見かけが上手であるがゆえに本人に自覚されることはなく、それどころか「よい授業」と受け止められてマネされることもある。

市原さんは同書で、役をつくるにあたって俳優には「美しい瞬間」と「醜い瞬間」があるだけだとも語る。そう言われれば、授業をするにあたって、教師にも「美しい瞬間」と「醜い瞬間」があるだけなのかもしれない。「美しい瞬間」というのは、何よりもまず教えたいことが明確にあって、語りかける言葉がゆたかで、しかも授業展開の角度が鋭く、教材の世界に身を置いている《いま》が教師にも子どもたちにも楽しくてならないときである。

しかし、教師が手を抜いたときには「醜い瞬間」が訪れる。それは教材の解釈が浅いために教えたいことが曖昧で、そのうえ「腕を研ぎ澄ます努力」がおろそかにされていて、《いま》はいったい何のための時間なのか、子どもたちをうつろな気分にさせるからである。それは手慣れてきた「昨日の自分」をマネたり、ある教師の型をマネたりして授業を巧みに繕おうとしているときにも訪れる。

そういう授業をしてしまったことは私にもあって、そのとき私は自らを恥じることはあったが、「醜い」と感じることはなかった。市原さんの一文を読んで辞書にあたってみると、「醜い」とは容貌や服装などの見苦しいさまを言うばかりではなく、「人の心や社会の事柄などが不純で息苦しく、軽蔑に値するさま」（『明鏡国語辞典』）をも指していた。

＊　＊　＊

書家であれ俳優であれ、その道を究めようと真摯に努めている人は、自分の「鮮度」をいつも気にかけている。「切れ味」が落ちることは沽券に関わることと認識して、細心の注意を払って仕事に向き合っている。〝学び心のかたまり〟と言ってもよい子どもを見くびったり、あなどったりする気持ちが少しでもあったと気づいたときには、「醜い」と認識すべきであったのだ。

真鰯は時間が経てばその鮮度を落としていく。それはいたし方のないことである。しかし刃物は違う。「研ぎ」を怠ることがなければ、その切れ味は長く保ちつづけられる。「教師としての腕」が錆ついてきたと感じたならば、錆落としに努めなければならない。

舟を編む——辞書を作る人、授業をつくる人

「犬」という言葉は「動物の犬」を意味するが、それだけではない。「敵対する組織から送り込まれたスパイ」は「犬」と呼ばれて蔑まされるし、「犬死させるな」と奮起を促すときは「無駄」に相当する意味を持たされる。飼い主にとってかわいい忠実な「犬」が「卑怯な内通者」を指したり、「ものごとの無意味さ」を指し示したりする。辞書を引いてこのことを知った中学生の荒木公平は、「言葉って、なんて不思議なんだろう」と思った。

荒木は大学の国語学科を卒業して大手総合出版社に就職し、辞書づくり一筋の人生を送ることになる。定年を迎えることになった荒木が後継者として白羽の矢を立てたのは、入社3年目の第一営業部配属の馬締《まじめ》光也であった。

荒木は馬締に告げる。「辞書は、言葉の海を渡る舟だ。ひとは辞書という舟に乗り、暗い海面に浮かびあがる小さな光を集める。もっともふさわしい言葉で、正確に、思いをだれかに届けるために。もし辞書がなかったら、俺たちは茫漠とした大海原をまえにたたずむほかないだろう」

海を渡るにふさわしい舟を編む。その思いをこめて、『大渡海』と名づけた。君に託す。

――このように告げるのは、編者の重鎮、松本先生である。

＊＊＊

平成23年度の本屋大賞は、三浦しをん著『舟を編む』（光文社）である。『大渡海』という2900ページ強の国語辞典が出版されるまでの波瀾万丈の小説が、全国の書店員の「いちばん売りたい本」として選ばれた。

馬締のもとに配属された岸辺みどりは、小説のなかで次のようにつぶやいている。「たくさんの言葉を、可能なかぎり正確に集めることは、歪みのない鏡を手に入れることだ。歪みが少なければ少ないほど、そこに心を映して差しだしたとき、気持ちや考えが深くはっきりと伝わる。一緒に覗きこんで、笑ったり泣いたり怒ったりできる。辞書を作るって、案外楽しくて大事な仕事なのかもしれない」

出版に漕ぎつけるまでに15年、しかし、ほっと一息つく間もなく改訂作業に入る。それが辞書づくりというものである。のべつ幕なくつづけられるこの仕事にピリオドが打たれるときは来ないのだが、この世界は岸辺が述べるように案外楽しいのかもしれない。

もっともふさわしい言葉を用いて語り合うための「歪みのない鏡」を提供しよう。そう願うのであれば、辞書作りの仕事は「言葉の大海原」を渡る「大型客船」の築造に譬えるのが似つかわしいであろう。しかし、一艘の小さな木造の「舟」を造ることになぞらえる書名である。

松本先生の頭のなかは、いつも言葉のことでいっぱいになっている。満席のそば屋でざるそばをするその間も、テレビから流れる音声に耳を傾けて、聞き慣れない単語や変わった言葉の用法が耳に入ると、すぐさま用例採集カードに鉛筆を走らせる。間違って箸で字を書こうとしないか、鉛筆でそばをたぐろうとしないか、先生の手もとに注意を払う荒木である。

編集部に蓄積されている膨大な用例採取カードのなかからどれを採用するか、気の遠くなる作業が始まる。「カードこそ、辞書編集部にとって〝心臓〟に等しい」と荒木は言い、馬締は『大渡海』を、穴のあいた舟にしてはならない」とアルバイトの学生たちに檄を飛ばす。

とは言っても、言葉は世につれてはやりすたれがあり、意味も変遷していく。どれほど時間をかけたとしても百点満点の辞書を世に出すことはできない。大きな限界を背負っているのだが、黙々とその仕事に挑みつづける編集者たちである。

＊＊＊

50年ほど前、4年の国語教科書に、天正遣欧少年使節を物語る「少年の使者」という教材があった。斎藤喜博さんは『授業の展開』(国土社)で、その教材の「足もとをみられたらこっちの負けだと思う」という一文を扱った授業を紹介する。

ある子どもの「『足もと』というのは、うんとだいじなことをさしているのにちがいない」というつぶやきにハッとして耳を傾け、「木のもと・手もと・源・原(もと)」と板書し、「もと」という言葉の〝根〟を掘り下げようと対応した授業である。

一方的な押しつけの授業をするような教師であれば、唐突とも言えるこの発言は聞こえなかったであろう。もし聞こえたとしても「無視するか否定するかしてしまった」にちがいない。斎藤さんはこのように述べて、子どもの何げない言葉を「身体全体でみごとにとらえ」たこの対応を高く評価する。

ためしに何冊かの辞書で「足もと」を引いてみると、その語釈は「立っている足の下やその辺り」といったところが一般的である。『岩波国語辞典』は「足もとを見る」という文例を付けて「弱みを見すかす」と注釈を入れている。「もと」を同辞典で引いてみると、語釈の一つには「物事がそれによって成り立つ(大事な)所」とあって、それは「根源・基礎・もとい」を意味すると書かれている。

「足もとをみられたらこっちの負けだと思う」――この一文を読んで、「足もと」というのは「足の下のほう」を単に指しているのではなく、「うんとだいじなことをさしているのにちがいない」と感じ取る子どもである。

＊＊＊

『故事名言・由来・ことわざ総解説』(自由国民社)によれば、「足もとを見る」とは「悪い駕篭屋や馬方が、旅人の、つかれた足もとを見て、高い賃金をふっかけたことから、人の弱点につけこむ意味で普及した」と書かれている。

つまり、それはそもそも旅人の「疲れ具合」を足もとを見て推し量ることで、また旅人の「懐具合」を探ることでもあったのだろう。現代の外交交渉は、双方ともに相手の「足もと」

を見すかしながら自国が有利になるように進めていく。「足もとを見る」はスポーツの世界でも使われる。一流のアスリートは、相対する者のいつもとは違うちょっとしたしぐさや物腰の様子を察知して、時機にかなったプレーを展開する。

私たちの体のいちばん下にある「足もと」は、このように、他人には見ることのできない心の底の底までを覗かせて、弱みをさらけ出したり、あるときは張り詰めている思いを感じとらせて身を引かせたりする。子どもが着目した「もと」という言葉を取り上げて「源」や「原」にまで引き寄せ、「足もとをみられたらこっちの負けだ」という文章に迫る授業の紹介であった。

『大渡海』は「足もとを見る」をどのように説明しているだろう。手にとって読んでみたいと私は思う。

咲きそろい、咲きにおい、咲き誇る花を見つめる

『日本語　語感の辞典』が岩波書店から出版された。これまで「意味」を調べる辞典は数多く出版されてきたが、「語感」を探る手がかりとなる辞典は一冊もなかった。「微妙なニュアンスはとらえにくく、また、ことばで説明しがたく、どうしても感覚的・主観的になりやすいからだろう」と、著者の中村明さんは述べる。

「言語感覚の鋭い人」は「適切な表現を的確に判断し、きっぱりと最適の一語をしぼりきって文章を書く。同義語群の微妙なずれを「意味」の面から識別しつつ、同時にそれらの感覚の違いを「語感」の面から感じ取って「最適の一語」にたどりつく。そのための推敲を惜しまないからである。

適切な言葉を見つけようとするとき、私はこれまで『類語大辞典』（角川書店）や『類語例解辞典』（小学館）にあたってきた。これからはこの『語感の辞典』もめくって、言葉の「微妙なニュアンス」を確かめていきたい。

何気なく、「感動」「感激」「感銘」「感心」といった類語の語感を同辞典で調べてみた。すると、次のように説明されていて、「そう言われれば確かにそうだな」とうなずいた。

○感動（光景や行為や作品などに強く心を動かされて強い充足感を抱く意）
○感激（激しく心を動かされる意。受け身な「感動」に比べ、心が奮い立つ積極性が感じられる）
○感銘（深く感動して記憶に刻まれる意。強く印象に残るという雰囲気が強い）
○感心（上位者の立場から同等以下の相手を褒める感じ）

ちなみに、下位者の立場から上位者を高く評価する場合は「感服」となる。

同辞典は「まえがき」で「ことばが運ぶのは、伝えようとする情報だけではない」と述べ、「当人の意図とは関係なく、その事柄を選び、そんなふうに表現したその人自身の、立場や態度や評価や配慮、性別や年齢、感じ方や考え方、価値観や教養や品性を含めた人間性が相手に否応なく伝わってしまう」と指摘する。

＊＊＊

斎藤喜博さんは「語感」をことのほか大事にして、国語の授業を展開する教師であった。『羊歯』などの歌集があり、アララギの地方誌「ケノクニ」の発行者で、朝日新聞群馬版の短歌欄の選者も務めた斎藤さんであれば、日本語の持つ微妙な語感に聡いのは当然のことであろう。

『授業』(国土社)では、「花が咲いている」「花が咲きそろう」「花が咲きみだれる」という3つの似かよった言葉のある教材文を取り上げて、その読み取りについて次のように指摘する。

「こういうとき、うっかりしていると、あたりまえのこととし、わかっているものとして、そのまま通りすぎてしまうことがある。しかしこの三つには大へんなちがいがある。教師がこの三つのちがいをはっきりと区分けして授業にのぞみ、子どもにぶっつけ、子どもと考え合っていけば、そこには、教師も子どもも、いままで考えてもみなかったような問題とか、新しい解釈とかが生まれてくる。そして子どもも教師も、授業がどんなにおもしろいものか、みんなして追求し学習することが、どんなにすばらしいことか、ということを知ってくる」

つまり、文中に似かよった表現の言葉があれば、その違いに着目して読みを深めていく。そうでない場合であっても、教材の「読み取りの核」になるとにらんだ言葉に対してはその同義語や反義語を示し、「語感の違い」を切り口にして追求を楽しむ。そういう授業展開の示唆である。

ところで、「咲きそろう」とはどういう花の状態を言い表しているのであろうか。子どもたちからは次の6つが出されたという。

①横になったりしているのではなく、ぜんぶきれいに咲いていること。
②一ぱいに咲いてそろったこと。

③一つの花のように咲きそろった。
④学校全体の生徒が庭にあつまったり、全校行進をしたりするときが、花の咲きそろうのと同じだ。
⑤合唱のとき声がそろうのと同じだ。
⑥劇のとき、みんなの心がそろって、よい劇になった。

ここで斎藤さんは、④⑤⑥になると「そろう」を「感覚的にではあるが、高い意味にとらえている」と評価する。全校行進や合唱、劇などで皆の心がそろったときに晴れがましく感じた。そのときの自身の内面を思い起こして、花が「咲きそろう」すがたを推し測っているからである。

このような発言が相ついだならば、どのように授業を運んでいったらいいだろう。「咲きそろう」という言葉の語感をふくらませていく次のような授業が示される。

つまり、辞書によれば「そろう」は「同一である・ひとしい・一致する・合う」という意味である。したがって、「花が咲きそろう」というのは、「一つ咲き二つ咲きと、だんだん咲いていって、ぴったりと全部が咲き終わり一つになったとき」を言う。このとき花は「咲ききっている」ことはいるが、まだ散っているものはなく、新鮮さとか、いきおいとかの頂点に立っていることを感じ取らせる。

子どもたちがよく用いる「せいぞろい」や「そろいのきもの」という言葉にも、それに似た感じがある。このようなことにも気づかせていくというのである。

＊　＊　＊

花の咲きそろう状態については、「咲きあふれる」「咲き誇る」「咲きにおう」「咲きこぼれる」といった言い方もある。「みごとな咲きぶり」を言い表す日本語が、「そろう」「みだれる」「あふれる」「誇る」「におう」「こぼれる」といった動詞と結びついて、このようにいくつも存在する。このことを知ると、「花がきれいに咲いてるね」などとしか口にできない会話は、何とうすっぺらで貧相であったかと冷や汗をかく。

「大人は、言葉を教えこもうと思うよりも前に、自らが豊かな言葉を語るべきです」と語るのは、渡辺一枝さんである（『気が向いたら風になって』情報センター）。教師は何よりもまずこのことに心を砕いて、子どもたちに語っていきたい。

「会うまでの時間」をたっぷり浴びたくて、各駅停車で新宿に行く人

会うまでの時間たっぷり浴びたくて各駅停車で新宿に行く　俵万智

俵万智さんの『サラダ記念日』（河出書房新社）所収の一首である。「『現場としての授業』をつくるために力をみがく会」は、この短歌を取り上げて教材研究した。この日、学生や教師たちは心を躍らせて例会に参加してきたようだ。それは次のような感想からうかがえる。

○この短歌を初めて見た時から、今日の例会に出るまで、すごーく楽しみでした。会いたい人と会うはずなのに、なぜ急がずに各駅停車で向かうのか。私なら、1分、1秒でも早く向かいたいと思ってしまいそう。この短歌についてたくさんのことを考え、答えが知りたくて、他の人の意見を聞きたくて、そんな思いで、今日は地元（蓮沼）から西千葉まで各駅停車で来た。（中略）私は、今日はこの短歌に会うため、みなさんの考えに会うために、たっぷりと時間を浴びてきたんだと思った。
○なぜかとても強く心がひかれ、私の中でイメージがどんどんふくらんで行きました。ど

ういう気持ちだったのかを追体験しようと思って、今日は快速ではなく各駅停車で来たのですが、その時は、早く深めてみたくてそわそわしてました。時間はゆっくり、気もちはそわそわ。それはまるで、今日の参加者の書いた物語の主人公のようでした。

作者が会おうとしているのは恋人のように思えるが、なつかしい学校時代の友人か、または実家から久しぶりに上京する父か母かもしれない。いずれであっても、作者は快速・準急・急行などに乗ることはせず、各駅停車に乗って新宿まで行くことにした。それは乗り換えがないからでも、座って行けるからでもなく、出会うことになっているその人との「会うまでの時間」をたっぷり浴びたいと思ってのことである。

＊＊＊

模擬授業では「新宿に行く」と「新宿へ行く」とではどう違うか、「〜に行く」と「〜へ行く」との違いに目を向けた。どちらも行き先が新宿であることに変わりないが、「〜に」というときは「これから行こうとしている地点、目的とする地点、収束する地点」に対する強い思いがある。しかし「〜へ」では、その地点に向かう経路や経過のほうに重きが置かれている。「新宿へ行く」と言う人は、車内で本を読んでいても、ぼけっとしていても居眠りしていてもかまわない。「新宿へ向かう途中であること」がただ意識されていて、「新宿に着いてからのこと」はあまり頭のなかにない。模擬授業では「浴びる」と「たっぷり」にも着目して考え合い、その後、私は次のように問いかけた。

——会いたい人と会うとき、「会うまで」よりは「会ってから」のほうがたいせつで、ふつうは「会ってからの時間」をたっぷり過ごしたいと考えるのではないかと思います。それなのに、作者は「会うまでの時間」をたっぷり浴びたいと願って、各駅停車で新宿に行くと言うんです。どうしてなんでしょう。

参加者は作者がいだいたであろう思いを多面から想像した。それは、自身のこれまでの似たような体験を思い起こしての想像であったにちがいない。

○その人に会うのは久しぶりなので、思い出を一つずつ思い起こしてかみしめて出会いたいと思っているから。
○会うまでには、鼓動が高鳴るのを静める時間が必要である。快速などに乗った場合には、その心づもりができないうちに着いてしまうから。
○もちろん、その人と会っている時間を存分に楽しみたい。しかし、会話が弾んで楽しんでいると、別れの時間が近づいてくるのが気になってしまう。電車に乗って向かっているときは、「会うとき」が一刻一刻と近づいてくるので、いやが上にも思いが募ってくる。だから、「会うまでの時間」を大事にしたいので。

例会では、この短歌の背後にあったであろう「一つの物語」を思いえがいて数十分で短編小説（800字程度）を書き、その朗読に耳を澄まして余韻を楽しんだ。

＊　＊　＊

教師は授業のなかで子どもたちと深く出会おうと願う。その願いは「会うまでの時間」をたっぷり浴びたときに実現する。教材の解釈が深められないまま大雑把に授業案をつくって授業を始めるようでは、うすっぺらで浅い出会いで終わることになる。

「たっぷり」とは「あふれ出そうなくらい充分に」という意味で、風船をふくらませるときであるならば、あと一息吹き入れたら割れてしまうと思われるくらいに息を吹き込むことである。もし、職人が「この作品は時間をたっぷりかけて造りあげた」と自負していれば、手放したくないいくらいの愛着をその作品に感じていると考えていい。

「たっぷり」という言葉のこのような意味合いについて、私たちは頭では理解している。しかし、平素の授業をふり返ると、教材のうわべをなぞっただけで授業に臨むことがしばしばある。〝ちょっぴり浴びた〟と言ったほうがいいくらいなのに、「たっぷり浴びた」と思い違いをしてしまっている。

林竹二さんは、「教材研究」というのは「教材がほんとうに自分のものになる」ために行う作業であって、その作業を経ることによってはじめて「その教材を媒介として、子どもとの十分なつきあいが可能になる」と指摘する（『教育の再生をもとめて』筑摩書房）。

教師がまず行うのは「自分に納得ゆくまで教材をかみくだく」ことで、この作業が徹底すると「教えたいもの」がおのずから形をとってあらわれ出る。そうしたならば、「具体的な授業をつくることを念頭においた教材研究」に取りかかる。それは「一つの山を、どうしたら子どもたちに、それぞれ自分の手や足をつかってよじのぼって、山頂までをきわめさせることができるかを、実地に即して見きわめる作業」である（『授業の成立』一莖書房）。

林さんは「長い時間をかけた自分の努力の成果は、その授業の中で、子どもから、今まで見たこともないような顔が見られることで、確かめられるはずである」と述べる。まったくもって、その通りである。

授業を参観していると、「会うまでの時間」をたっぷり浴びて行っていることが手に取るように分かることがある。子どもたち一人ひとりが「その場にいること」を喜んでいて、その喜びを様ざまな表情やしぐさで伝えているからである。授業を終えた教師と語り合うと、そのふところの深さに驚かされる。質の高い授業を成し終えているのだが、どこまでも謙虚で居て、見逃してしまったかもしれない子どもの事実や気づかずに済ました授業の問題点などを聞き留めようと努めているからである。

「会うまでの時間」はたっぷり浴びた。そう思っていたが自己満足であったかもしれない。目の行き届かなかったところがあって、教材の核心に迫らせることができなかったかもしれない……。そういう沈着な目をもちあわせて授業をふり返る教師は、授業を終えたその時点から、すでに子どもたちと次に「会うまでの時間」に入っている。

＊＊＊

俵万智さんは『サラダ記念日』を出版して18年が経ったとき、その間に詠んだ数多くの短歌のなかから394首を選んで歌集を編んだ。その自選歌集には『会うまでの時間』（文藝春秋社）とタイトルが付けられた。

この書名は、「各駅停車で新宿に行く」という短歌をふまえている。しかし、同書の「あとがき」には、「短歌と読者の出会いは、それぞれが会うまでに過ごした時間によって、決まるような気がする」と書かれていて、「歌人が短歌に出会うまでの時間」と「その短歌に読者が出会うまでの時間」も視界に入れられていた。

作るのは一瞬でも、その一瞬に会うまでの時間を、大切にしたい。——このように思う俵さんである。

第2章

〝島〟はいつも見えているか

〝島〟は見えているか
――イチロー、9年連続200本安打を達成

石川直樹さんは東京で生まれた。中学2年の夏、司馬遼太郎の『龍馬がゆく』を読み、龍馬の生まれた高知に行こうと思い立って「青春18きっぷ」で旅に出た。高校2年の夏には世界史の先生が「インドはいいぞ」と熱く語るので、心を動かされてインド・ネパールへと1か月一人旅をした。

石川さんの旅先はその後ベトナム・カンボジア・タイなどへ向けられ、大学生になってからは「世界7大陸の最高峰登頂」に挑み、エベレストに24歳で登頂して最年少登頂記録を更新した。その後はカヌーを漕いで南太平洋に浮かぶ島々の航海も行い、現在は写真家として〝地球の肌〟の記録に努めている。

このように思いのままに地球を回って生きる石川さんは、「冒険好きな若者」と見られることが多かったが、「冒険家」と呼ばれることを嫌った。なぜなら、冒険とは「危いことを押し切って行うこと。成功のおぼつかないことをあえて行うこと」と辞書には書かれていて、してきていることはそれとはまったく違うからだ。

それでは、どのような思いから未知の地に赴いてきたのだろう。石川さんは「100m登っ

たら何が見えるだろう。1000m登ったら何が見えるだろう。そういう《好奇心》が、ボクを育ててきている」と述べる。大海原に浮かぶ島々へ旅するときの思いも変わりない。「違う島へ行ったら、どんな人がいるだろう」と、いまだ知らずにいる世界への《好奇心》が航海にいざなっていた。

最近の若者たちを見ると、「やりたいことなんて、別にないですよ」とか言って、しらけた態度をとる者が少なくない。そういう「冷めた生き方」や無気力な発言をする若者に出会うと、石川さんは落胆する。ボクにはやりたいことが頭の先からつま先までつまっていて、《やりたいこと》だらけだ。その《やりたいこと》を一つずつ、小さい時からやってきている。――石川さんはこのように語る。

＊＊＊

地図帳を開いてみると、南太平洋には点としてしか表しようのない島々、また点としても表しようのないくらいに小さい島々が無数に浮かんでいる。それらの島の多くには人びとがずっと昔から生活してきていて、離れた島々に居住する人たちに心を寄せていた。

小舟を漕いで交流の場を広げてきた島人だが、ナビゲーターなどは存在していなかった。羅針盤や磁石を使って舟の位置を確かめる技術さえもなかった。そのような器具のない時代に航海の安全を護ったのは、「自然の動き」を察知する鋭い感覚である。例えば、飛ぶ鳥の動き、潮の流れの変化、夜空に輝く星の位置、波のうねり。それらを全身で感じとり、自然が何げなく伝える「微かな動き」の変化から間もなく訪れることになるだろう事態を予測しながら、遠いかなたへと舟を漕いで行った。

順風満帆に航海を終えたこともあったが、辛うじて命拾いした苦い航行もたくさんあった。舟人はそれらの一つひとつの経験を語り合って共有財産とし、一つの「術」に高めて受け継いできた。何千キロも隔てた遠くの島々との行き来が可能となったのは、古来からのその体験が蓄積されてきたからである。

今日、遠洋への航海は科学技術の格段の進歩によって、安全に行われるようになっている。その結果、舟人が身をもってつかみ取った「術」は片隅に置かれて出番は失われた。古来からの「術」を伝授できるのはサタウル島に住む長老マウ・ピアイルグさん一人となって、世界の〝冒険家たち〟は、その貴重な知的財産を体得しようとマウさんを訪ねてくる。20代のときの石川直樹さんもその一人であった。

＊　＊　＊

長期にわたる修行を終えて、カヌーでの大海原への船出がいよいよ許されるとき、マウさんは「これから向かおうとしている島は、見えているか」と必ず問いかける。ハワイからタヒチまでの4000キロを復元航海したナイノア・トンプソンさんも、同じ問いを投げかけられた。「見えています」と答えると、マウさんはうなずいて次のように語った。

「それでよい。その〝島〟を決して見失うな。その〝島〟を見失った時、お前は現実の航海で島を見失うことになる。／たとえそれがどんなに辛く孤独な道であったとしても、自分ひとりで旅を続けなければならない。その旅の途上で一番大切なのが〝心の中の島〟だ。〝島は必ず見える〟という信念。これこそが、現実の旅の途上で道に迷わないために最も大切なことなのだ」（龍村仁『地球交響曲「ガイアシンフォニー」第3番　魂の旅』角川書店）

つまり、古代から伝授されてきた「航海術」の奥義は、「これから向かおうとしている〝島〟が、心のなかにはっきり見えているか」という問いに凝縮される。船出するとき、行こうとする島はどんなに目を凝らしても見えるわけはない。しかし、「その島に行きたいんだ」と強く願うならば、行き着きたいその島はくっきりと描かれるという教えである。

＊＊＊

イチロー選手がメジャーリーグ「9年連続200本安打」を達成した。ウィリー・キーラー選手の「8年連続」を108年ぶりに塗り替える前人未踏の記録である。

試合後、記者会見に臨んだイチロー選手の胸には、「9」をかたどったペンダントがあった。「4年連続」の200本安打（262本）を果たした平成16年、「誰もやっていない記録」を達成しようと誓いあって、弓子夫人から贈られたものである。

とは言っても、さらに5年もの間200本の安打を打ちつづけるのは至難のわざである。体調管理に万全を期しても、誓った目標を忘れることなく打席に立ったとしても、遠くの遠くに見え隠れするようなこの記録の達成は簡単にいくものではない。

5年の日々、イチローの胸元にはいつもペンダント「9」があって、大記録の樹立を見失わせなかった。〝島は必ず見える〟という強い思いをもちつづけて、ついにたどり着いた大記録であった。

「読書」という名の村があった、「読書」という名の小学校があった

「ある歴史小説を読んでいて、信州に『読書』という集落があることを知った」と、詩人の荒川洋治さんは書く（『世に出ないことば』みすず書房）。「読書」とは、何と素敵な地名だろう。私の心は躍った。

荒川さんはつづけて書く。「読書？　どう読むのだろう。読み書きの巧みな人がいたのか。学校のようなものがあったのか。ひょっとしたら「どくしょ」と読むのかも。興味がふくらんだ」

長野の山地にあるという「読書」という名の集落。「どくしょ」は音読みなので、「よみかき」と読むのかもしれない。しかし、千葉県にも長生《ちょうせい》や長南《ちょうなん》という地名があることだから、「どくしょ」という地名があっても、一つも不思議ではない。

私は「読書」が「どくしょ」であることを祈るような思いで、先を読み進めた。荒川さんは長野県の分県地図を取り出して「読書」を探す。「読書」はすぐ見つかった。しかし、地図にはふりがなが付けられていないため、読み方は分からない。そこで、手元にある郵便番号簿にあたってみると、「木曽郡南木曽町」の「ヨ」の欄に、「読書」がぽつんと一つ載っていた。つ

まり、「よみかき」と読むことが知らされたのである。「ちいさいことなのに、とても長い旅をしたような気分だ。それからというもの、ぼくは郵便番号簿をこれまで以上にたいせつにするようになった」と、荒川さんはそのエッセーを結ぶ。

「読書」には、このように二つの読み方がある。「よみかき」は「書かれた言葉を読むことと、言葉を文字で書き表すこと」である。つまり、「読むという行為」と「書くという行為」の二つが、対等の重みをもたされている。一昔前まで、「読み、書き、そろばん」の3つが教育の根幹と認識されていた。

ところで、「どくしょ」とは「書物を読むこと、書かれた本を読むこと」で、この場合は「読む」という行為に格式を与えるような言い方となっている。そしてまた「どくしょ」という言葉には、「本を読むこと」によって見聞を広めたり心を豊かにしたりすることが託されているように私には思える。同じ熟語ではあるが、「よみかき」と読むか「どくしょ」と読むかで意味するところがこのように異なる。言葉の世界はおもしろい。

＊　＊　＊

荒川さんのこのエッセーを読んでから、私には「読書」という地名が時折思い起こされて、ずっと気にかかってきた。

このあいだ、インターネットで調べてみる気が起きて検索してみたところ、読書村は明治7（1874）年に誕生したことが分かった。与川《よがわ》・三留野《みどの》・柿其《かきぞれ》の3つの村が合併することになって、その三村の頭文字（よ・み・かき）をくっつけて、「読書」という村名が生まれたという。

知らなくてよかったことを知ってしまったようで、思いが冷めていく気分であった。しかし、そこには「村の成立が明治7年ということを考えると、読み書きなどを学んで国と地域の発展に貢献しよう、という願いもあったと思う」と、一つの〝類推〟が追記されていて、私は少し慰められることにもなった。

ところがさらに読み進めると、小さい文字で「読書村は1961（昭和36）年に隣接のふたつの村と合併し南木曽町となりました。南木曽は『なぎそ』と読みます」という注釈が書き添えられていて、私はまた複雑な気分にならざるをえなかった。

こうして「読書」という村名のたどった87年の歴史を知り、インターネットの画面で「読書小学校」と刻まれた立派な石碑の写真にも接した私には、村名が「どくしょ」でも「よみかき」でもどちらでもかまわなくなってきていた。その代わりに、どうしてもそうであってほしい新しい願いがふくらんだ。

町村合併によって「読書村」が消えてしまったことはいたしかたないが、「読書小学校」は現在も存在していてほしい。「読書」という校名の学校が今も長野県にあって、子どもたちが明るく元気に学んで遊んでいてほしいという願望である。

＊　＊　＊

「読書小学校」で検索すれば私の願いは確かめられるかもしれない。そう思ってアクセスしてみると、同小学校は2007（平成19）年3月、南木曽小学校に統合されてその歴史に幕を閉じていた。

同小学校のホームページには、「学校の歴史」が年表にまとめられていて、また「掲示板」のコーナーには、数十人の卒業生がメッセージを送っていた。そのなかから2名の思いを紹介する。

○Aさん《私は今、名古屋の短期大学に通っています。読書小学校という名前はめずらしかったこともあり、とても誇りでした。南木曽小学校になってしまって、正直少し残念です。少子化はどうしようもないですもんね。今度、久しぶりに小学校をのぞきに行こうかと思います》

○Bさん《私が小3の頃給食室が火災になり、半年近くの間「缶詰1個と牛乳、原ベーカリーのパン」でした。そういえば入学した当時はまだ脱脂粉乳でしたね。／今、東京に居を構えていますが、修学旅行も東京になったのですね。良い事です。以前は「伊勢と名古屋」でした。名古屋社会見学で、担任の先生が「おまえ達、エレベーター乗った事がないだろう」というと、まさかと思いましたが、ほとんどの同級生が手を挙げたのには驚きました。

6年生の時に「開校100周年記念式典」があり、学校でお米を食べた事がなかった私たちに、お赤飯が配られ、夢中で食べた事が思い出されます。／南木曽小学校に名称変更との事、何の意味があるのか良く理解できませんが、歴史を大切にしていってください。分校も二つ有ったものが無くなり、過疎化が進んでいるのが良く解ります。昔は町に映画館が二つ有りましたからね。「故郷は遠くにありて……」と言いますが、何時も思い出して懐かしんでおります》

「読書小学校」に対する卒業生の思いに接すると、私の「読書小学校」に対する思いもますます募ってくる。Bさんは誰に向けて思いを届けているのだろうか。同窓の仲間に対してではないであろうし、同じ町に住む子どもたちに対してでもないようだ。幼少期を過ごした「読書小学校」に届けるメッセージと受け止めても、さしつかえはないだろう。

昭和40年代に町には映画館が二つもあったというから、当時の界隈はかなりにぎわっていたのだろう。しかし、そのころの給食はまだ脱脂粉乳であった。ちなみに、学校給食の脱脂粉乳は昭和30年ころから液体牛乳に切り替わり始め、39年には本格的な牛乳の供給に入ったという。都会の小学校に比べるとその遅れははなはだしかったようだ。

＊　＊　＊

日本は昭和30年代から高度経済成長期に入った。農山村に生まれた若者は中学や高校を卒業すると名古屋や東京などの大都会に出て、進学し就職していった。山村社会の地殻変動はバブル崩壊期以降も起きつづけ、過疎化と少子・高齢化が「限界集落」と呼ばれる状況をもたらすほどになってきている。

卒業生が誇りとしていた「読書」という名の学校は平成19年に姿を消した。3校の統合によって生じた校名「読書」の消滅は、日本社会に見られる「地域の浮き沈み」を象徴するかのようである。

荒川洋治さんのエッセーにふれてから、2年半が経つ。荒川さんは「ちいさなことなのに、とても長い旅をしたような気分だ」と書き記していたが、私も今、まったく同じような気分になっている。

◇「読書」という字《あざ》は今も残っていて、例えば、南木曽町役場の所在地は「長野県木曽郡南木曽町読書3668—1」である。

その地を踏みしめたい——真鍋島へ、読書村へ

「真鍋島っていう、うちと同じ名前の島が瀬戸内海にあるヨ、いま見つけたんだ。ぼく、そこへ行ってみていい?」——ある日、小学5年の真君《まこと》が仕事場に地図帳を持って飛び込んできた。

真鍋博さん(イラストレーター)は、先祖の発祥地であるらしいそういう名前の島があることを祖父に聞かされて知っていた。しかし、その島に行ったことはなかったし、行ってみようと思ったこともなかった。

夏休みや春休みに、息子たちを二人だけで旅行に行かせるようになったのは3年前である。最初の年、当時3年生の真君は次男の由君《ゆう》(当時3歳)と祖父母が住む四国に飛行機で出かけた。長男にとって由君は手がかかる。しかし、「弟がいる」ということで淋しさがまぎれるし、弟からは「兄貴はえらく頼りがいがある」と思われもする。真鍋さんは『ひとり旅教育』(文藝春秋社)で、旅に出ることを重ねて成長していく幼い二人について書き表した。昭和46年のことである。

＊＊＊

真鍋島行きをたくらんだ真君は、さっそく交通公社に出かけてそのルートを調べてきた。時刻表をめくってつくられたスケジュール表の1枚は居間に貼りつけられ、夕食を終えると、その行動予定が何回もしゃべらされた。メモを見ないで列車の名前やコースや乗り換えをぺらぺら話せるようになったならば、もう心配はいらない。

真鍋島には由君も一緒に行きたがった。しかし、いろいろ考えた末、それは真君一人の旅となった。「間違っても警察には行くな。東京から小学生が一人でノコノコ島に来たなんていうと、家出と間違えられて送り返されるかもしれんぞ」と、冗談を言って送り出す真鍋さんである。

新幹線で新大阪まで行き、山陽本線に乗り換えて福山で降り、港から真鍋島に向かう船（15人定員）に乗ると、乗客はたったの二人であった。乗り合わせたおじさんは島の郵便局長さんで、名前を聞かれて「ぼくは真鍋です」と答えると、「おじさんも真鍋というんだ」と言われて真君はびっくりした。

船はいくつもの島に寄って、2時間かかってようやく真鍋島に着いた。周囲15キロの海岸線をぐるりと歩くと、島の形がどんどん変わって見えてきて、まるでアニメーションのようであった。島の小中学生はあわせて百余人、店は雑貨屋などの4軒、車は消防車と重い荷物を運ぶときに使う小さいライトバンの2台。そんな小さな島であるが、ユースホステルには名古屋や大阪から10人の若者が宿泊していた。

2泊して夢を叶えた真君は、腕いっぱいにかかえた菊の花を「おみやげ」にして帰宅した。ホステルで友達になった人たちの寄せ書きも持ち帰っていて、そこには、次のような言葉が並んでいた。

○マアちゃんはいいなあ、すごくおおらかで、このままのマアちゃんで大きくなってね。そしていつか大きくなったマアちゃんとまた遊びたいな、美しい花の咲く静かな島でまた会おうネ、おぼえていてね。
○一人でどこへでも行けるし、何でもできそうね、体に気をつけて、好きなことを何でもすればいいネ。

兄の楽しそうな報告を聞いて、5歳の由君は対抗意識を持った。「ぼくはぼくの名前の島に行くッ」と日本地図をひろげて、真剣な目つきで島を一つずつチェックし、「由」という島をさがし始めていた。

真鍋博さんは書き記す。――毎年、夏休み、この夏は九州の東側、その次は四国の瀬戸内海側と少しずつ日本列島の一辺を描き足していったら、真と由が青年になるまでには、日本全国の海岸線を足跡の軌跡でつなぐことができるのだ。

そのときから、もう40年の年月が経った。博さんはすでに他界したが、真さんは恐竜学者となって国立科学博物館主任研究官を務め、由さんはテレビ朝日のアナウンサーとして活躍している。

＊　＊　＊

「読書小学校」は数年前から、私にとってどうしても行ってみたい学校になっていた。「どくしょ」小学校ではなくて、《よみかき》小学校であると知ってからも、その学校のたたずまいをこの目に収め、また、様ざまに想いをはせる時間を持ちたいと思ってきた。

念願のそのときが、ついにやってきた。私の話に共感してくれた野口貴功さん、関純光さんと3人での「読書小学校訪問」である。車は中央自動車道を西に向かい、岐阜県にいったん入ってから長野県に引き返し、紅葉にはちょっと早い山道を走りつづけた。左手の湖面の向こうに「読書発電所」という看板が見え、「読書」という名の小学校が間近だと分かると私の心は騒いできた。

ナビゲータがその位置を近くに表示して右手にカーブを切ると、学校はすぐそこに見えてきた。インターネットの画面で見た石碑「読書小学校」は、樹木の茂みに少し隠れるようにしてあった。その隣にはまだ新しい「読書小学校閉校記念碑」があって、校歌が刻まれている。そのさらに隣には「開校百年記念」の石碑がどっかと建っている。62段の石段を上った正門の右手には、「二宮金次郎像」がある。薪を背負って書を読みながら歩くこの像は、「読書」という名の小学校にぴったりであった。

その石段下におられたおばあさんに、「千葉から来ました。読書小学校に来てみたかったんです」と話しかけてみた。「よう来られました」と答えてくれた吉田康代さんは、読書小学校で学び、学校の歴史をその後もずっと見つづけてきた85歳の卒業生である。

「読書小学校って、すてきな名前ですよね」と話すと、吉田さんは「あげるよ」と言って『読書小学校沿革誌』（昭和48年）と『読書小学校閉校記念誌』（平成19年）を持ってきてくれた。「こんな貴重な本は、とても……」と固辞する私に、「持ってっていいよ」と譲ってくれた。

正門脇の校庭には樹齢百年くらいの桜の大樹がある。どんな桜を咲かせて子どもたちを喜ばせてきたのだろう。そう思って聞いてみると、「写真があるよ」と言って満開に咲き誇る見事な桜の写真も持たせてくれた。

＊　＊　＊

譲られた2冊の記念誌を読んで学校の歴史を知ると、同校の教師たちは教育にも研究にも熱心であった。例えば大正15年からの5年間には、土屋文明を招き「万葉集」の講義を受けている。一首も残すことなく全巻を通読し終えたとき、文明は「この事は年がたてばたつほど感動の増す思い出である」と短歌の雑誌に書き記したという。

《読書》という村に誕生したこの小学校は、「名が人をつくる」と言われるように村の文化の源泉となり、明治・大正・昭和・平成と一世紀を超えて、幾多の子どもたちをはぐくんできていた。くしくも国民読書年（平成22年）の読書小訪問であった。

夏終る柩に睡る大男

平成18年8月25日の「俳句王国」（NHK・BS2）は主宰が黒田杏子さんで、作家の立松和平さんがゲストであった。作句者名を伏せて掲げられた8つの自由題句のなかには「夏終る柩に睡る大男」があって、この句には立松さんと神野紗希さん（レギュラー・アナウンサー）が1票を入れた。

立松さんがこの句を選んだ理由は、「大男はエネルギーに満ちて生きてきたんでしょうけどね、夏が終わるとともに、事故か病気かなんかで亡くなってしまったんで、短編小説みたいな感じがちょっとします」ということであった。

神野さんは「この方はきっと、夏がすごく似合う方だったろうなっていう感じがします」と切り出し、この句に心が引かれたのは次のような理由からだと述べた。「この句には、ほんとうにドラマ性もあって、この『終る』っていう字のあとに『柩』が来ると、この『柩』という字の中に『久しい』という字が入ってるんです。これも、この字を考えた人の気持ちみたいな、意味みたいなものが『夏終る』から引き出されてくるような感じがします」

さらにまた、次のようにつづけた。「『睡る』が『睡眠』の『睡』なので、まるで《生きているように睡っている》というか、ちょっと窮屈そうな感じも出ていて、《生命力があふれているのに死がある》という、なんとなく《夏の矛盾とも肯定とも取れるような、夏の本質みたいなもの》がある気がして、とても好きです」

この解釈を受けて、立松さんは「季節が変わっていく感じを、この『死』に表していて、次に秋が来るわけだから、『死』に近い無常感みたいな感じを、そこはかとなく感じました」と補足した。

夏終る柩に睡る大男――。柩に窮屈そうに睡る大男の図体は、かなりでかいだろう。しかしそれだけではなく、この大男は「はるか遠くで起こっているものごと」に強い関心を持ち、また「これからずうっと先に起こるであろうこと」までも見すえて考えを述べるような《並外れた大きさ》を持っていたようだ。

この俳句を読んである大男の「短編小説」を読みとろうとする作家と、「柩」や「睡る」という漢字に着目して、「いっときの睡眠」から目を覚ましたら闊歩していくかのような、生命力を感じとる若い感性。ふつうの物差しでは測りかねる《大男の大きさ》を読みとる二人であった。

主宰はこの句をどう評価するだろう。黒田杏子さんは「これは私の句です。7月末に亡くなった小田実さんを詠みました。お元気で、75歳で亡くなった小田実さんに対する俳句です」と述べた。「そう言われると、また思いがありますね」と、立松さんは感慨深げにつぶやいていた。

＊＊＊

小田実さんの告別式はセミの鳴きしきる青山葬儀場で執り行われ、黒田さんは司会を務めていた。そのことを私は知っていたが、この俳句が小田さんを詠んだもので、しかも黒田さんの作句だとはまったく想像できなかった。

あの日、葬儀委員長を務めた鶴見俊輔さんは「小田さんは黒船到着以来１５０年の日本の歴史の中で、ジョン万次郎と肩を並べる大きな人だった」と述べた。新聞に寄せたその追悼文では、「万次郎が米国に対した時、米国は大きい。小田実にとって、ヴェトナム戦争に反対した時、米国は大きい。しかし、彼は、その米国の大きさにひるまない姿勢をもっていた。この独特の姿勢が、当時の日本人に共感をもたらした」と書き記しもした（朝日新聞・７月31日）。

小田実の《大きさ》は、鶴見さんによれば、米国という超大国に「ヴェトナム戦争反対」という意志を突きつけて、けっしてひるまなかったその姿勢に示されていた。

大学生であった45年ほど前、私は「私の目を大きくひらいてくれる人物」と出会いたくて、同時代を生きる知識人の論稿などを読む日々を過ごした。文化講演会がどこそこであると知らされると、足をはこんでその人の話に耳を傾けた。こうして様ざまな人物に出会い、充実した20代前半を過ごしたのだが、そのなかで私の視界を大きくひらき、その後も「ぶれずに歩んでいるかどうかを判断する基軸」に据えることになった人物を二人挙げるとすれば、それは小田実さんと斎藤喜博さんになる。

小田さんはべ平連（ベトナムに平和を！　市民連合）の集会などで何度も接した。平和と戦争の問題をどう考えたらいいか。例えば、小田さんは鳥瞰図でながめて分かった気になってはならない。鳥の目で見ることも必要ではあるが、地上を這う虫の目で見つめなければ見えないことがある。《虫瞰図》を大事にしなければならないと教えてくれた。

「何でも見てやろう」の精神で生きてきた小田さんならではの着眼で、小田さんの世界を見つめる目、時代をとらえる目、そしてその根底に置かれている哲学を自分のものにして、この時代を生きていきたいと思うのだった。

＊＊＊

大学院を出て私は中学の社会科教師になった。

ある日、子どもの書き綴る文章を読んで私は驚いた。なぜなら、ものごとの本質をえぐり出す《冴え》が感じとられたからだ。例えば、新任1年目の秋、夏休みのレポートを読んでいると、原爆のテレビを見て「ナメクジが塩をかけられたように、人が死んでいく。とけていくようにばたばたと。それがみじめで、人間のようではないようだ」と書き記す生徒がいた。貴いいのちが一瞬のうちに奪い去られていく原爆の恐怖を、塩をかけられ無残に溶けていく「ナメクジ」になぞらえる中学生。この指摘は鮮烈で、被爆者が抱いたにちがいない「言いようのない無念さ」が伝わってきた。

目線を近づけて虫の生きる世界を覗き見るように、子どもの内奥の世界を《虫瞰》し、子どもが眺めていることを一緒に眺めながら、その目を社会にひらかせていく。私は《子どもと向き合う構え》をこのように定めて、教師生活を始めることにした。この構えは斎藤喜博さんの構えでもあった。

＊　＊　＊

40歳を過ぎて私には、ようやく《目ざしたい授業像》が明確になってきた。それは、斎藤さんがその授業をふまえて明らかにした「ゆさぶり」原理に、小田さんが世界を飛びまわってつかんだ「現場」感覚を重ねあわせて生まれた「現場としての授業」である（拙書『学級崩壊を超える授業』教育出版を参照されたい）。

小田さんは『われ＝われの哲学』（岩波新書）で、「現場」をふつうの暮らしの「場」と対比させて明らかにした。「現場」にしても「場」にしても、ある「場所」を指す日本語だが、語感はまったく違う。何か事が起きてその事件を伝えるとき、レポーターは「現場からお伝えします」と述べる。「現場」という言葉を耳にすると、私たちは思わず緊張して耳をそばだてる。「現場」という言葉は、そのように聞き手に〝波風〟を感じさせ、ことがつつがなく進行しているときには用いない。つまり、平穏無事・安定・継続・反復に特色づけられる「ふつうの暮らしの場」に対して、「現場」は波瀾万丈・不安定・切断・一回こっきりといった特徴をもち、事件性や切迫性、緊急性をはらんで用いられる。

つまり、事故の現場・火事の現場・殺人の現場などに居合わせると、私たちは平素の落ち着きを失ってしまう。何かを頼りにして対処したいと思うのだが、「現場」にはそういうものは見当たらない。状況を自分の目できちんと認識すること。事態の推移をしっかり掌握すること。全神経をはりめぐらせて、最善と考えられる判断を的確に行うことなどが否応なしに求められる。それが「現場」というものである。

ところで、授業をしていると子どもたちがひたむきに考え出し、教室の空気が打って変わるときがある。それは、考えもしなかった「意表を突かれた問題」に当面したときである。「混沌として混迷した現場」に身を置くことになった子どもたちは、知力を結集して難局を乗り越えようと試み、教室はいつか〝知性を研ぎ澄ます現場〟に一変する。

教師の「ゆさぶり」があって、子どもの精神は強靱にはぐくまれる。斎藤さんは「ゆさぶり」の教育的意義を次のように述べる。

「ゆさぶることによって子どもたちの持っている日常的なものをはぎとり、臓腑を出させることである。子どもたちの持っている、しかもそれを本物だと思っている、通俗的なものとか、平板なものとか、常識的なものとか、権威の意見とか、借りものの知識とかを否定し払いのけ、その底に隠れている子どもたちのほんとうのものを引き出し、拡大してやるものである。」(『授業の可能性』一莖書房)

「現場としての授業」という授業観は、斎藤教授学の核心に小田人間学を重ねることによって生まれた。

手のひらをくらべあってどうするの大きいほうがやさしくするの

「NHK短歌」(平成21年11月22日)を見ていると、次のような一首があった。

手のひらをくらべあってどうするの大きいほうがやさしくするの　平野淳子

幼稚園だろうか保育園だろうか、それとも小学校の低学年の教室だろうか、子どもたちは先生に「隣どうし、手のひらをくらべあってみましょう」と言われて、近くの友達と右手と左手を合わせてみた。「せんせい、くらべあってどうするの」と聞くと、先生はにっこり笑って「大きいほうがやさしくするんです」と伝えたのだ。

日ごろ、子どもたちが比べあうのは何だろう。背の高さや集めているもの、足の速さなどは気になることだろう。小学生になれば、描いた絵の出来やテストの点数なども比べあって、自信を持ったり無くしたりするかもしれない。

「手のひら」を比べあう? そんなことはこれまでしたことがなかった。そっと合わせてみると、手のひらの大きい小さいよりも、そのあたたかさや冷たさ、やわらかさやざらざらなどが伝わってくる。「手のひら」が大きかったらやさしくしてあげて、小さいほうはやさしくしてもらう。やさしくしてもらった子も、自分より「手のひら」の小さい友達にはやさしくしてあげる。人が人とつきあうときの心のもちようが、幼い子どもにふわっと伝えられる、なんと素敵な教室だろう。

＊＊＊

生活科が小学校の低学年に置かれるようになって22年目に入る。社会科が廃止されても、子どもたちには社会認識の〝芽〟をはぐくんでいかなければならない。生活科に期待する私の授業イメージは、有田和正さんの「あくしゅの輪を広げよう」であった。たくさんの友達と心をかよわせ、早く「学校という社会」になじんでほしい。そのように願って生まれた「あくしゅ」を切り口とする実践である。

クラスの友達と「あくしゅ」してサインをもらって名前を覚えた子どもたちは、隣のクラスに出かけ、それから上級生へ、先生方へと「あくしゅの輪」をひろげて学校になじんでいった。見知らぬ人との壁を「あくしゅ」によって取り払っていくこのかかわりかたは、学校の外でも展開された。登校途中に出会う駅員や巡査、商店主などにも「あくしゅ」をお願いして、自分との距離を埋めていく子どもたちである。

「あくしゅの輪」は、その後、草花やイヌ・ネコ・キンギョなどの生きものに対してもひろがり、また、ピアノや鉄棒といったモノに対しても〝あくしゅする〟感覚で出会いを重ねることになった。

例えば、次のような「あくしゅ」の現場報告を聞くと心がなごんでくる。

○やおやのおじさん——やさいのような手だとおもっていたら、ふつうの手だったので、びっくりした。
○けいさつかん——かおはこわいのに、手はやさしかった。こんな手で、わるい人をつかまえられるかな、とおもった。
○木——ざらざらして　つめたかった。いきているのに　しんぞうの　おとが　きこえない。
○てつぼう——さいしょは　つめたかったけど、だんだんあったかくなってきた。あくしゅだけじゃつまらないから、さかあがりをなんかいもやったら、手にまめができた。
○ぼくじょうで、きんぎょつりをして、きんぎょをいれるふくろに　みずをいれようとしたら、てに　みずがかかって、みずとあくしゅしちゃった。みずとあくしゅしたらぬるかった。

「低学年の子どもは、目で見るというより、『手で見る』といった方がよい。手でさわりながら、触覚をたのしみ、手でいろいろなことを感じとる」と有田さんは指摘する（『子どもの「見る目」を育てる』国土社）。

＊　＊　＊

阪神・淡路大震災が起きて18年経つが、激震が襲って街が崩れ落ちた衝撃的な映像は、今でも鮮明に私の脳裏に刻まれている。

あの日の4日後であった。がれきの積み重なる神戸の街に「地しんでお家をなくしたお友達しばらくの間　わたしの家に来て下さい」と書かれた張り紙が張られた。張ったのは京都市に住む小学2年生の大石彩未《あやみ》さんである。

あの朝、そろそろ目が覚めようとするころ、彩未さんも地震に遭った。京都市内でも震度5だったという。テレビが伝えつづける惨状はものものしくて、息を呑んで見つめた。父は大学教授で、さっそく学生と救援物資を持って神戸に向かう計画を立てた。一緒に付いて行くことになった彩未さんは、「自分にできることは何かないか」と頭をひねって考えた。避難所の体育館には家を失い、身を寄せて過ごす子どもたちがたくさんいる。その姿をテレビで見ると、ぎゅっと抱きしめてあげたくなる。そういう思いが募って「張り紙」を作ることにした。

地しんでお家をなくしたお友達　しばらくの間　わたしの家に来て下さい。——彩未さんは色鉛筆で1文字ずつ色を変えて書き、大好きなリカちゃんの写真も貼りつけた。

父たちと被災地に入ると、道路は裂けて電柱があちこちで倒れている。西宮から神戸に向かって10キロほど歩き、1200人ほどが避難生活を送る小学校に着いた。物資を渡しトイレ掃除などを手伝った彩未さんは、帰り際にリュックから「張り紙」を取り出して父と張って回った。「張り紙」には自宅の電話番号を書き添えていて、連絡が来るのを待った。が、結局、一本もかかってこなかった。「なんにもできなかった」としょんぼりする彩未さんであった。

しかし、その「かわいい手書きの張り紙」は多くの被災者の目に止まり、心をなごませていた。たまたま通りかかった箕浦太一郎さん（保育園理事長）は胸が熱くなって、カメラのシャッターを切った。

朝日新聞は平成21年、「震災にまつわる思い出の写真」を広く募集した。そのなかに「張り紙」を写した箕浦さんの1枚があって、大石彩未さんは「15年前の自分」と思いがけずに再会した（朝日新聞・平成22年1月17日）。

大石さんは大学生になっていて、演劇を学びながらテレビドラマにも出演している。「15年後の自分には、あの時の自分が眩しくてなりません」と大石さんはブログに書き、これまでの人生の〝根っこ〟にあったことを次のように探る。

《今回の出会いで気付かせてもらったことがあるのです。人の心に触れてきっかけを作ること。これがわたしのすべての根っこにあるんだってこと。いままでばらばらにやってきたように思えていたことが、初めて一本に繋がりました。

いままでわたしがやってきたことも、全部この同じ根から伸びているんだって、今なら確信を持って言えます。俳優ってその最たるものじゃないかな。媒体を通してたくさんの人に何かが出来る。何かってのは、楽しんでもらえたり、明日もがんばろうって思ってもらえたり、いろんなことを考えるきっかけになったり、ちょっと違うんじゃないの？　って思ってもらうのも一つ。だって「違うんじゃないの？」って思うことは、自分が「そう」だと思うことを見つめなおすきっかけになるでしょ？

自分の〝根っこ〟を知ることが出来たのは、今のわたしにとってとても大きいことでした》

＊　＊　＊

「手のひらをくらべあってごらん」と言って、子どもの心と心をつないでいく教師。「あくしゅ」して壁を取り払い、人やものとみずみずしい出会いを重ねていく子ども。切ない思いで過ごす名前も知らぬ友達を励まそうと、「張り紙」を作って家々に貼り歩く子ども。

私たちが心深くに思いを届けようとするとき、《手》の果たすはたらきは測り知れないほど大きい。

筋書きのないドラマを生きる
――大震災の《現場》、そして授業の《現場》

《現場》ということばは「ふり幅も大きければふところも深い、そして、鋭い意味を持ったことばだ。（中略）私たちは（この）ことばの意味するものを何かつねならぬ気持ちとともに明瞭に心のなかに思い浮かべている」。小田実さんは『われ＝われの哲学』（岩波新書）をこのように書き出す。

そして、《現場》は「私のふだんのくらしの『場』と確実に切れ」ていて、「ことばのどこかに時間と場所の特定が附随」し、「そこでのっぺらぼうの時間と空間に切れ目を入れている感じ」があって、「何かぬきさしならぬきびしさが附随している」と指摘する。

平成23年3月11日午後2時46分、東日本の地に居た私たちはそれぞれがそれぞれの《現場》に立たされた。私は千葉市の埋め立て地にある私学会館の2階に居て、打ち合わせを始めたところであった。ふと感じ取ることになった揺れは簡単には収まらず、棚に収納されている物品を床に落とし始めた。

ただならぬ予感を覚えたその瞬間、私の居場所は《現場》の様相を帯びて、「ふだんのくらしの場」では考えられないことが起き始めていた。例えば、階段を駆け下りて出た道路には、ちょこんと正座する制服姿の事務員が居て、彼女はいつまでも立ち上がろうとしなかった。《現場》では何が起こるか予測できない。頼りにできるのは「からだのどこかではたらく勘」であり、「いつの頃からか身につけてきた知識」であり、「自分よりは確かな判断ができると思われる人」である。

あのとき、幸いにも私のまわりには頭をめぐらせて対応する時間があった。しかし、津波に襲われた東北各地では、そのような時間的余裕は30分すら与えられることがなく、「尊いいのち」が無念にも奪い去られていった。被災地にはその後、思いもよらぬ《現場》が次々と訪れてきて、そのレポートがテレビ・新聞などで、送りつづけられて一月が経った。

＊＊＊

群馬県の島小学校の3年生は、ある日の国語の時間、「山の子ども」という教材で、薄暗い森のなかから何とか抜け出して家に帰ろうとする子どもの心情を読みとっていた。教材には「やっと森の出口に来ました」という一文がある。やっとたどりついたという「森の出口」は「森の終わった最後のところ、すなわち、森と、そうでないところとの境」だと解釈して、子どもたちはうなずいていた。

その教室に居合わせた斎藤喜博校長は「そんなところは出口ではない」と言って黒板に円を描き、円周上の【子どもたちの「出口」】に対して、円周の内側つまり森の内側に【斎藤の「出口」】と書き込んだ。あまりにも有名な授業の一場面であるので、詳細についてはふれない

(『授業』国土社・『教育学のすすめ』筑摩書房など)。

するとと、子どもたちは「びっくりして、本を小わきにかかえこんで立ち上がる子、あるいは腰を浮かせて、ぼうぜんとしている子など、一しゅん教室全体が、驚きの緊張で一ぱいになった。少したつと、その緊張がかわって、『そんなことはない』といって、猛烈に反対しだした。子どもたちは、手を動かしたり、図にかいたりして、自分たちの主張を説明し始めた」

「しごく当たり前と思われる認識」に異論が突きつけられ、動揺の渦中を生きることになった子どもたちは、曲折を繰り返した後には「花の咲ききったような顔」になり、おだやかで「やわらかい空気につつまれ」ていった。その教室の《現場》は川島浩さんによって撮影され、『未来誕生』(一莖書房)などに掲載されている。

＊＊＊

斎藤喜博さんは授業を「展開のない授業」と「展開のある授業」に分け、授業を展開させるための基本的な条件について明らかにする(『教育学のすすめ』)。「展開のない授業」というのは「ただ形式的・常識的にすらすらと進行していくだけのもの」で、それに対して「展開のある授業」というのは、授業のなかに矛盾、対立、衝突、葛藤が起こって、「それを克服した結果として、新しいものが発見されたり、ときには未知の不明のものがつくり出されたり」するものを言う。

この授業の二つに小田実さんの視点を重ねるならば、前者の「のっぺらぼう」で形式的な授業は「場の中の授業」、「何かぬきさしならぬ厳しさ」が附随する後者の授業は「現場としての授業」と言い換えることができる。

教師を目指す学生に私が何よりも求めるのは、《知がゆさぶられる現場体験》を積み重ねることである。その積み重ねのなかで授業の妙味がからだに刻まれると、教師としてなすべきことが見えてきて思索が動き出していく。

「やおや・とこや・コインランドリー・自動販売機・行商」のなかで店と言えるのはどれか。私たちの店認識を吟味する授業はその典型である（『社会科　なぞときゆさぶり5つの授業』学事出版などを参照されたい）。

授業直後、学生たちは《現場》に立ち尽くした報告を次のように書き記し、まだその余震のなかに居ることを伝える。

○店であるものと店ではないものに見分けが中々つかず、頭の中がこんがらみました。
○まさか自分の考えが180度変わると思っていなかったので、私自身、自分の変化にとまどってしまった。
○正直、簡単な問いだと思っていたが、いざ考え始めると、その問いは一瞬にして難しいものに変わってしまった。
○それまで寒いと思っていた教室が暑く感じられた。

○何かがはじけるような、ハッとするようなものがあって、ゆれ動く感情のある授業を思い出すと、すごく心がざわめく。

「頭の中がこんがらみました」と学生は述べるが、これは「造語」であって辞書にはない。店と考えていいかどうか、思考の筋道が乱れてこんがらかり複雑にからみあってほぐれず、思考を練るのに苦労した。その混迷のありようを伝えたかったのであろう。

「山の子ども」の授業現場に居た3年生の子どもたちも、きっと同じような思いをいだいて「こんがらむ」時間を楽しんだと思われる。

＊＊＊

教室が《現場》に変わると「ひたむきさ」がひろがる。そして、はりつめた空気のただよう教室で追究が進められていくことになるのだが、それはどのような心的な構造によるのだろう。この問いに向きあうとき、二人の学生が書き綴る次の心境は重要な手がかりとなる。

○一生懸命いろいろなことを考えて、自分の意見を絞り出してみるけれど、ゴールにはたどりつかないという、「あと少しでわかりそうで、わからない気持ち」でいっぱいになりました。

○「わかりそうだから考えてみるものの、答えが出せない」状態で、みんなの意見に迷う姿が現場だと思います。

もし、そのような状況に立ち至るならば、不快指数が高まってきて、授業から身を引きたくなってしまうのではないでしょうか。しかし、そのようになるどころか、逆に授業に引き込まれて心地よさを覚えてしまうというのは、いったいなぜでしょうか。自らの体験に即して教えてください。――私は「社会科指導法」の試験問題で、このように学生に問いかけた。

2名の学生の指摘を紹介する。

○人は、不快なこと、不都合なことが起こると逃げ出したくなるものである。しかし、教室が〝現場〟となっているときは、不快指数というよりも、そのことに対する深み、面白さにはまっている状態なのだと思う。つまらないことに対して深く考えろと言われても、それはただの〝不快〟であるが、あと少しでわかりそう！　という時に感じるモヤモヤは、そのわかりそうという可能性が見え隠れしているからこそ、面白いのだ。

○「あと少しでわかりそうで、わからない気持ち」や「わかりそうだから考えてみるものの、答えが出せない」ということは、私に中でディズニーランドに行きたいのに、電車の遅延でなかなか辿り着けない、漫画の最終巻が明日発売なのに、明日まで待ちきれないというような感覚に似ています。漫画の例で述べると、そこには豊かなストーリー性があります。どの漫画でも最後まで読みたいわけではありません。それまでに期待をくつがえす意外な出来事があり、どんどん自分の気持ちに変化があるからです。

そして、その意外性は自分の考えもつかない所にぐさっと突き刺さるのです。「そうきたのか！やられた！」という気持ちです。その気持ちがあるから、授業もみるみるうちにのめり込み、次はどんな展開なのかなと期待してしまうのだと思います。目が覚めるような展開を。


学生が指摘する以上のような《現場》感覚は、私にもたしかに心あたりがあって、そのときのことが思い起こされてくる。気がつくと筋書きのないドラマの主人公になっていて、局面が新しく変わるたびに身の処し方が迫られる。

「漫画の最終巻が明日発売なのに、明日まで待ちきれないというような感覚に似ている」という指摘には、教師の立場としても共感するところが多い。「これで一巻の終わり」と胸をなで下ろそうとしたくなった子どもにそうはさせず、新たな《現場》に身を置かせて、簡単にはピリオドを打たせない。それが「現場としての授業」の本領と言えよう。

「現場」に身を差し込んで、〝知〟を紡ごうと努める人たち

《現場》ということばを口にするとき、あるいは耳にするとき、私たちはことばの意味するものを何かつねならざる気持ちとともに明瞭に心のなかに思い浮かべている。――このように小田実さんは『われ＝われの哲学』を書き出す。

ふつうのふだんの「暮らしの場」が《現場》に一変すると、「自分ひとりで逃げ場のないところに立っている」ような気がしてくる。そういう《現場》に居合わせると、私たちのからだやことばはどのように変わっていくか。《現場》がもつ言い知れぬ力について小田さんは考え深めた。「現場としての授業」をつくるという私の授業観には、小田さんのその視点が生かされている。

「予測できないことが絶えず起こる場所、コントロールが利かない空間」を《現場》と呼んで、「臨床哲学」の構築に努めてきたのは鷲田清一さんである。東日本大震災が起きたとき大阪大学総長であった鷲田さんは、阪神大震災の体験もふまえて学生にそして社会に向けて、精力的に発言し行動を起こした。

あれから1年が経ち、鷲田さんは『語りきれないこと――危機と傷みの哲学』（角川学芸出

版）を著した。語りきろうとしても語りきれるものではないが、どうしても語っておかなければならないことがある。時代に突き動かされる思いで書きつづられた著書である。

《現場》に足を踏みこむと、持ち合わせた哲学の理論などはかえって邪魔になる。いったんそれを棚上げして、素手で立ち向かわざるをえない。局面は複雑に展開していくので、「密室で磨いてきたナイフ」で切りこむことはできない。そういう《現場》に身を差し込んで、そこに居合わせる人たちが「不確定な状況のただなかで、不確定なままにどう正確に対処してきたか」、その知恵を言語化し〝翻訳〟する。これは「哲学のもう一つの大きな仕事」だと鷲田さんは指摘する。

＊＊＊

教室で行われる授業の時間は《現場》そのものである。教育や授業の理論を持ちあわせ、入念に授業案をつくって臨んだとしても、子どもたちは生身で教材に立ち向かうので、計画したとおりに進むことはない。予測を超えた事態が次々に起こってきて、素手で立ち向かわざるをえなくなる。

授業を終えた研究会の席で、「つつがなく計画どおりに授業が終わってほっとしています」と述べる教師がいる。そのような感想を吐露する教師にとって、授業というのはどこまでも計画どおりに進行していくべきもので、その計画からはみ出てはいけない。予想しない発言が突拍子もなく飛び出してダイヤに乱れが生じることのないように、慎重には慎重を期して授業の運行に努めているのだろう。

しかし一方で、作り上げたダイヤの隙間から授業が外れていくことを心待ちにする教師がいる。どのように波風が立ってハラハラしドキドキすることになるか、波瀾万丈となる教室を心に描いて授業に臨む教師である。

坦々と進めることを是として行われる授業と、《現場》をつくろうと意図して行われる授業とでは、子どもたちに鍛えようとする〝知〟の質が大きく異なる。

＊＊＊

短期大学の授業（社会科指導法・教育方法）で、私は毎回、教室が《現場》と化していくことを願って授業に臨む。その一連の授業を受けた学生は、《現場》に身を投じることになったそのときの自分を覗き見ながら授業について考えていく。

例えば、学生Aは「生徒の当たり前を崩すなら、その前に教師自身の当たり前をとっぱらってから生徒に問いかける必要がある。もう少し頭の中をごちゃごちゃにさせて、じっくり迷子になってみようと思う」と述べる。

教室が《現場》と化したとき、「当たり前」とされてきた従前の認識はもろくも崩れ去っていく。子どもにとっての「当たり前」を突き崩そうと意図するのであれば、その前に、教師が自身の中に巣くっている「当たり前」をとっぱらわなければならない。様ざまな角度から執拗に教材を見つめ、じっくり迷子になってはじめて、子どもの頭のなかをもごちゃごちゃにかき混ぜる授業に取りかかることができる。このように学生Aは考える。

「頭の中がごちゃごちゃになって迷子になる」そのときを、学生Bはジグゾーパズルに譬えて次のように述べる。

「授業はジグゾーパズルのようなものです。自分の意見、他人の意見、様々な意見を自分の中にはめていく。でも、途中でどのピースをどこにはめたら良いかわからなくなる。そしてまた、そこに合うピース（意見）を探す。こうしていくことで、自分の意見も一つに限らず、様々な形に変化していくし、今までに思いつかなかったようなモノになっていくと思いました」

階段を上ったりエスカレータを降りたりするときに譬えて、次のように述べる学生Cもいる。

「『そんなの簡単だよ』というような発問をして、容易に階段を上っていく。しかし、次の発問が出された瞬間、階段は下りエスカレータになり、一気に下まで下ろされる。そして上るために一生懸命あがく。ああでもない、こうでもないと試行錯誤し、やっと上りきれる。考えているだけではモヤモヤはそのままだが、言葉にすると自分の思考が見えてくる。自分の思考が見えてきたところで、他の意見や先生の鋭い切り込みにより、またモヤモヤが生まれ、なんとか言葉にして反論しようとするから、深く考え、心に残るものになるのだと思う」

二人の学生は、予測できない事態に巻き込まれて混迷が訪れていても、そのことを嫌がっていない。それどころか、その混迷のなかに身を置いて出口を探し求める時間を心地よく感じている。授業の《現場》に身を投じると、今まで使うことのなかった脳みそをかきまぜて必死になる。〝知〟を練って鍛えることになったその時間は、いつまでも忘れられないのだろう。

＊　＊　＊

斎藤喜博さんは『授業の可能性』（一莖書房）の「授業の本質」という節で、次のように述べる。

つまり、「授業での教師の仕事」とは「子どもたちの表面にある通俗的なものとか常識的なものとかを否定する」とともに、「子どもたちが、どこか一部分にでも自分の持っているよいものを見せたら、それを引き出し拡大していく」ことである。そうすると、「子どもたちの心の底のほうに、胸のなかとか腹のなかとか」に、「いままでとはちがったもやもやしたもの」が生まれ、それは「だんだんと明らかな形となって、言葉となり動作なりとなって表に出されてくる」。

授業とは「つぎつぎと子どものなかにもやもやをつくり出し、形にし表に出させ、また新しい別のもやもやをつくり出し形にしていく作業」であって、授業は「科学や芸術での創造の作業と少しも変わりはない」質をそなえていなければならない。

授業について語るとき、斎藤さんは「現場」という言葉を用いることがなかった。しかし、この一文からも知られるように、《現場》に身を差し込んで〝知〟を紡ぐ授業を追い求めていたことにまちがいはない。

ものごとを「虫の目」で見つめる

熊田千佳慕《ちかぼ》さんは幼少のころ、学校嫌いで庭先で虫や花と遊んで過ごすことが多かった。小学3年のとき、医者の父はそんなわが子にファーブルの話をした。

神奈川工業の図案科に進学して5年になると、軍事教練が富士の裾野で行われ、腹ばいになって敵陣に迫る射撃訓練があった。目の前の草むらでは、コオロギが出てきたりアリやゴミムシの仲間が気ぜわしげに歩いて来る。熊田さんは虫たちの世界に目がくぎ付けになって、訓練どころではなかった。

「上から見ると何ということもないつまらない草むらでも、寝転がって見ますとすごいジャングルなんですよね。それで、雨が降ったら、土の道ですと水が溜まりまして、そこへ寝そべって見ますとそれはもう大きな湖なんですね。本当にすばらしい湖になりますね。それから、その世界へずっとのめり込んでいきました」(『私は虫である』求龍堂)

思いもよらぬこの体験があって、熊田さんは虫や花を細密に描く画家への道を歩むことになった。70歳のときに描いた「ファーブル昆虫記」の作品はボローニャ国際絵本原画展入選を果たし、『KUMADA CHIKABO' S LITTLE WORLD』(全7巻)は小学館絵画賞を受賞した。

「虫と同じ目の高さにならないと、彼らの本当の姿は見えない。だから僕は腹這いになる」と熊田さんは述べるが、草地や野原でスケッチすることはほとんどない。ただ見つめつづけて、虫などの形や動きを全部頭に入れ、じっとすることのできない虫の「いい形だ」と感じた瞬間を頭に焼きつけて、家に戻ると急いで画紙に描き残す。

バッタを手に乗せ、十数センチの至近距離で見つめる熊田さんの写真がある。その表情はやわらかくて、バッタは逃げる構えをしていない。手の甲の〝山〟に登って、その向こうに見える大きな顔立ちの生きものを見上げ、思いがけない出会いを楽しんでいるようだ。今にも飛び散っていってしまいそうなタンポポの綿毛を、腹ばって見つめる写真もある。綿毛の一つひとつに目をやって「ちゃんと描いてあげるから動くんじゃないよ」と言いふくめ、まんまるの球になったふわふわを目に焼きつけているように見える。

私たちは子ども時代、小さな虫たちを友達のように思って過ごしてきた。しかし、大人になるにしたがって草むらのなかはどうでもいい別世界に変わり、心を通じ合えた虫たちは、〝虫けら〟として見下される存在になっていった。

＊　＊　＊

アメリカの図書館で「ニューヨーク・タイムズ」の紙面をめくっていた小田実さんは、大阪大空襲（昭和20年6月）の記事を見つけた。そこには〝昼間空襲〟の写真が掲載されていて、地図のかたちそのままの大阪の市街地は、その大半が爆弾の暗雲で覆われていた。写真には暗雲だけが写っているが、その下には、よじれながら吹きまくる熱風のなかを逃げまどうたくさんの人びとがいた。13歳の小田少年もその一人であった。

空襲に襲われて逃げ場を失い、「悲惨で、無意味で、一方的に」殺戮されることになった人びとの死は、どのように呼ぶのがふさわしいだろう。小田さんはそれを「難死」と名づけ、ずうっと「生きつづける」ということについて考えてきた。その思想の根っこに据えられていたのは、地べたを這うかのように生きるふつうの人びとのことであった。

戦後も50年を経て阪神淡路大震災に見舞われたとき（平成7年1月17日の未明）、小田さんは西宮市のマンションのベッドのなかにいた。もし横に大きなコピー機が置かれていなければ、重くて大きい書棚に圧しつぶされることになった「5時46分」であった。

震災後、小学3年になる長女は幼児退行をきたし、幼稚園時代に遊んでいたオモチャを取り出して遊ぶ日がつづいた。大震災という突然降りかかった事態に耐えるためには、そのように退行するしかない娘であった。

避難所生活を強いられることになった数万の人びと、そして壊れかかった住居にふみとどまって生活をつづけようとする人びとは、それぞれがそれぞれに新たな「難死」体験を始めている。小田さんはそのように認識して、「被災者生活再建支援法」の制定を求める市民運動の先頭に立った（『被災の思想　難死の思想』朝日新聞社その他）。

＊　＊　＊

佐野眞一さんはその1年ほど前、大病で病院に運ばれ胸を開く大手術をして万全な体調でなかったが、東日本大震災の現場に出向く決意をした。「被災者はあまりにも激甚な災害に『言葉を失った』。その沈黙を伝えるには、〝大文字〟の論評ではなく、ディテールを丹念に積み上げて〝小文字〟で語るノンフィクションしかない」。そのように確信したからである。また、「現地を見ずに感想だけ述べるのは、ノンフィクション作家の資格がない」という自負があったからでもある（『津浪と原発』講談社）。

この間、新聞やテレビや雑誌などで様ざまな主張や論説が述べられてきた。しかし、それらは佐野さんの言う〝大文字〟言葉によって行われることが多く、家を失い家族を失った人びとの断腸の思いはどこに生かされることになるか、首をかしげてしまう。被災者にはひたすら我慢が強いられ、耐久する生活が求められていないだろうか。

平成23年8月、私は宮城県の石巻・女川を訪れる機会をもった。変わり果てた街並みや瓦礫の山の写真はこれまで数多く目にし、その状況についてはいちおう把握できていると思っていた。しかし、根こそぎさらわれ人気がまったく失われた街角を歩くと、「在ったものがはかなく消え失せる怖さ」にふるえた。

5ヵ月経った今も「瓦礫」の山は散在している。遠くからながめているかぎりは、また写真や画像で見ているかぎりは、用をなさなくなった雑多の集積と見える。しかし、そこに山積みされているもろもろは、いずれも一瞬にして津浪に飲み込まれ、引きちぎられた人びとの〝生活の跡形〟である。被災者の無念を集めて築いた山、それが「瓦礫」にほかならなかった。

上空から写された大空襲の写真の奥に、難死していった人たちを見すえる目――。虫たちを間近に見つめるために草むらに腹ばいに横たわる体――。「被災地を復興する」ということは、ゼロに戻って人生を歩み始めなくてはならない人びとの思いを受け止めて、その生活基盤をしっかり構築することでなければならないと思う。

＊＊＊

被災各地で取材を重ねた森健さんは、「震災の体験は、けっして一括りにはできない」と痛感した。その被災体験はすべて「固有のもの」で、それは「数字」では伝えることはできない。なぜならば、被災者には「一人一人に個々の暮らし」があって「家族」がいて、「あの瞬間、どこにいて、どのように避難し、どのように生き延びたか。その体験と受け止め方は地域によっても、年代によってもまったく異なる」ものであるからだ。

地震と津浪の凄まじさや怖さを伝える方途は、どこにあるのだろう……。森さんが思い至ったのは、子どもたちが書き表す「あのとき」を介して子どもの眼で大震災を見つめなおすことであった。趣旨を説明して賛同を求めてみると、わが子にいやな記憶を思い出させたくないと固辞する人もいた。

しかし、驚くほど多くの子どもたちと保護者の賛同が得られて、『つなみ　被災地のこども80人の作文集』（『文藝春秋』8月臨時増刊号）が出版されることになった。同誌には鉛筆で書かれた原稿用紙のコピーも掲載されていて、その迫力は活字に組まれてきちんと並べられた文章を上回る。

同誌に掲載された作文をつなげながら、私のこころに刻んでおきたい「子どもの伝えるあのとき」を書き記す。

「津浪が来たぞ――」と父が叫ぶので海のほうを見ると、口がきけなくなってしまった。「町がなくなる」と心の中で思った。砂煙がたくさん立ち、電柱や建物がドミノのように倒れていく。津浪は黒っぽくてくさかった。

大好きだった海は、私の大好きな町と大切な人たちを奪っていくようなものに変わりはてた。友達は一人が流され一人は転校していった。津波って欲張りだと思う。ふと空を見上げるとカラスがたくさん飛んでいて、ものすごい声で鳴いていた。

その晩小学校で過ごすことになったが、教室は寒くて電気も通っていない。一家族に画用紙が一枚与えられ、それを敷いて寝た。友達と肩を寄せ合い、カーテンや新聞紙にくるまって夜を過ごした子どももいた。あの日の星空はキレイだった。今まで見たなかで一番というほどにすごくキレイだった。

夜遅くチョコとビスケット2枚が渡されたが、恐怖で食欲がない。「もう死んでるんじゃないか」と思えるくらいにだらーっとして朝を迎えた。おにぎりが1個ずつ渡されるととてもうれしくなって、10分ぐらいかけて食べた。

母に「何か買ってあげる」と言われるとうれしいはずなのに、いま何がほしいのだろう。ほしいものがたくさんあったのに、今は何がほしいかわからない。

おばあちゃんは逃げる途中に津浪にさらわれてしまった。悲しいのは私だけじゃないので、泣いちゃダメだと思って泣くのはやめた。3月29日に行われた卒業式で、私はピアノを一生懸命弾いた。おばあちゃんには卒業式を見てもらいたかった——。空の上からきっと見てくれた。そう思いたい。

おばあちゃんが大好きだった百合の花が、家のがれきの下に芽を出していた。それを見つけたおじいちゃんは、花が咲いたらおばあちゃんに見せようと思って大事に育てている。


平成23年4月、福島県は公立小中学校の教員採用試験の実施を見送ることにした。県内の小中学生約3700人が県外に避難し、次年度は100クラスの減少が見込まれたからである。子どもも先生も減っていく。出会うはずだった子どもたちと先生たちが、一番つらい。ここまで奪われてしまうものなのか、人類は放射能に。——福島に暮らす詩人・和合亮一さんは原発災害の現場を歩きつづけ、深い祈りと憤りを詩に書き綴って私たちに伝える（『詩の黙礼』新潮社）。

学校で身につけたい、目と耳と足を鍛える技術

日本の教育の最大の欠陥は、インタビュー技術とフィールドワーク技術をまったく教えてこなかったことである。——このように言明するのは佐野眞一さんである。

「人の話を引き出し、正確に聞き取って、深く理解すること（インタビュー）」と、「見知らぬ土地を訪ねて、風景と対話し、現地の習慣を身につけること（フィールドワーク）」。このことができれば、「たいていの難関は突破できる」。また「自分がいまどこにいて、どんな立場に置かれているかを計測する〝知の等高線〟を自分の足裏と脳みそに刻みつける」ことができ、それこそが「本当の意味での生きた〝学力〟であり、希望を生み出す源泉となる」（『目と耳と足を鍛える技術』ちくまプリマー新書）。

国語、算数、理科などの教科の学習はもちろん大事である。しかし、佐野さんのこの直截な指摘に私は耳を傾けたい。

拙書『教材発掘フィールド・ワーク』（日本書籍）を出版して、20年が経った（同書は、新稿も加えて『フィールドワークでひろがる総合学習』として一莖書房から出版されている）。20年ほど前、社会科の教材づくりについて述べるときは、「教材開発」という言葉を用いる

ことが一般的であった。「教材開発」という言葉には「最新の機器を用いて情報を手際よく集めて仕上げる」というスマートさが感じられ、教師は心をくすぐられていた。

しかし、私の体験からすれば、その作業は《発掘》するときの感触に近かった。どれほどの大きさでどのような形をしているかまったく見当のつかない土器を、細心の注意を払って少しずつ掘り出していく。教材づくりはまさにそのような作業に近かった。

現地に出向いてその景観を目と心に焼きつけ、現地をつつむ空気になじみ、人びとの語る言葉をしっかり聞きとめる。そういう過程を経ることによって、《教材の芽》は少しずつ生長を遂げ、しだいに目鼻立ちのくっきりとした「教材」に結実していく。「教材発掘フィールドワーク」というこの視座は、知識伝達型の社会科授業に何とか活路を見いだしたいと願う教師の心をとらえ、有田和正さんの実践とつながって新たな展望をひらく契機となった。

平成13年になると「総合的な学習の時間」が設定され、この領域では「地域の人たちから学ぶ活動」が奨励された。しかしながら、現実には形だけの〝取材ごっこ活動〟でお茶をにごすようなものが少なくない。それは教師自身にフィールドワークの意義が理解されておらず、その実地の体験も欠落しているからにほかならない。

宮崎清孝さんが《unknown question》と《原学習者としての教師》をキーワードとして推進することになった総合学習の実践は秀逸である（『総合学習は思考力を育てる』一莖書房）。

＊　＊　＊

佐野眞一さんのルポルタージュの数々は、いずれも膨大な取材によってものにされている。今回、前掲の『目と耳と足を鍛える技術』を読んで佐野さんの取材活動の底流や裏側を知ると、私にも実感できる指摘が随所にあって胸がはずんだ。

佐野さんの言葉を二つ紹介して、私の行ったフィールドワークをふり返るとともに、それとかかわる授業の課題について考えたい。

一つは、「ルポルタージュとは、頭ではなく足に記憶を刻みつける行為といってよい。頭で覚えた記憶は忘れやすいが、足に刻んだ記憶は忘れにくい。足裏を通して記憶を全身で吸収しているからである。ここに〝体験取材〟の強みがある」という指摘である。

茨城県波崎町は〝ちばらき県〟と言われるほど、対岸の銚子市と深く結びついて歴史を刻んできた。行政などが枠組みを決めても分かちがたい人間と自然と歴史の深い関わり。このことを突き詰めようと思って、私は何度か取材に出向いた。

波崎町の街並みは途切れ途切れにつづいている。派出所の前を通ったとき、中央にデンと座る若い巡査が目に入った。「取材してみようかな」と思ったが一瞬ためらい、しかし意を決して扉を開け、私は恐る恐る問いかけた。巡査は熱っぽく私に話した。「私は水戸の人間だが、波崎には来たくなかった。波崎の人は私の言葉が通じないという。分かるように話してくれという。とんでもないことだ。私の言葉が通じないということは、ここは茨城県ではないということだ。独立国だ。一日も早く水戸に戻りたい」。

波崎町が銚子市と深く結び付いて築いてきた文化圏は、水戸を中心にして広がる文化圏と明らかに一線を画する。「ここは茨城県ではない」と巡査が言い切ったとき、私は思わずうなった。これほどずばりと単刀直入に述べる茨城県民に出会うとは、思いも寄らなかったからである。

＊＊＊

佐野さんは「『説く』には〝大文字言葉〟が便利だが、『語る』には〝小文字言葉〟を身につけなければならない」と指摘して、マスコミや私たちの用いる言葉を［大文字言葉］と《小文字言葉》に分ける。

ここで［大文字言葉］というのは、「手垢にまみれていて、分かったように思わせる言葉」である。言葉にはなっていない便利な記号と言ってもいい。例えば、新聞の紙面で連日のように見かける「団塊の世代」とか「高度成長時代」といった言葉がそれである。

いったい「団塊の世代」とはどういう世代を言い、その前後の世代とどこがどう違うのか。私たちはつい分かったような気分になって話をしてしまう。これが［大文字言葉］のもつ怖さである。佐野さんは、「団塊の世代」を「日本の貧しさを知る最後の世代であり、日本が豊かになっていくことを最初に実感した世代」と《小文字言葉》に言い直して、私たちに語ってくれる。

［大文字言葉］の飛びから授業が多くの教室で見られるのは、なぜだろう。意味がほとんど

分からなくても、その言葉を使って話すと「よく知ってるな」と教師に誉められるからなのだろうか。それとも、黒板に麗々しく書いて説明される教師の言葉そのものが、記号に近い言葉だからなのだろうか。

教師が用いる［大文字言葉］を子どもたちはノートに取って暗記に努める。ちゃんと覚えたかどうかはテストで調べられ、「学業成績」として記録されていく。子どもを学校に通わせることの隠れたねらいは、［大文字言葉］をきちんと身につけ、それを自在に使えるようにするところに置かれていると言っていいのかもしれない。

＊＊＊

授業を参観していて思わず引きこまれるのは、［大文字言葉］が目立たない教室である。そこには、思っていることや考えていることをどのように話したら伝わるか、言葉を模索しながら話す子どもがいて、その言葉を聞き取ろうと耳を澄ます教師と子どもたちがいる。そういう教室にいると、私はなぜかどきどきしてきてしまう。「聞き逃したら、2度と耳にすることのできない言葉」が、いま生まれ出ようとしている。その現場に立ちあっていることの幸せが身に沁みて感じられるからである。

授業のなかで子どもや学生から聞き出したい言葉、それはフィールドワークで現地の人から聞き出したい言葉とまったく変わりがない。教室を《現場》とするためにはいくつかの要素が必要であるが、「教材を介して《小文字言葉》で語りあう」こともその一つである。

第３章　教師が教師を逃げたら子どもは育たない

「無償の読書経験」の果ての、心ときめく「本を買う」瞬間

「天声人語」（朝日新聞・平成22年11月3日）は「立ち読みにまつわる最も美しい話――というのをエッセイストの鶴ケ谷真一さんが書いている」と書き出して、『月光に書を読む』（平凡社）から次の一文を紹介する。

「ひとりの本の好きな貧しい少年が、いつも仕事の行き帰りに書店の前で立ち止まり、ショーウィンドーを眺めていた。そこには一冊の本が、巻頭の扉をみせて飾られてあった。読みたくてもその子には本を買うお金がなかった。ある日、ショーウィンドーをのぞくと、本のページが一枚めくられてあり、少年はその開かれたページを読んだ。翌日もまた、ページが一枚だけめくられてあり、少年はつづきを読み進んだ。そんなふうにして毎日めくられてゆく本を、少年は何か月もかかってすっかり読み終えることができた」

「少年は後に歴史に名を残す人物になるのだが、それが誰だったのか、ここ数年思い出せずにいる」と、鶴ケ谷さんはそのエッセーをつづける。本好きな少年の「募る思い」にさりげなくこたえた19世紀のヨーロッパの或る本屋の話である。

少年の心をとらえ、「巻頭の扉」をショーウィンドー越しにながめさせることになった本は、

何という書名の本であったのだろう。書店のドアを開ければ、別の「その本」を立ち読みすることはできたであろう。しかし、書店に足を踏み入れることすら躊躇しなければならないほど、少年の身なりは貧しかったのだろうか。

何日も何日も立ち止まってその本に眺め入る少年の姿は、やがて店主の目に止まった。お客には店頭に並ぶ本をたくさん買ってもらいたい。しかし、本を読みたくてしかたない様子がありありと伝わってくる少年がいれば、ページをめくってその思いを満たしてあげる。それも「本屋の務め」と考えたのであろう。

＊＊＊

私の小学4年から6年の担任は平山寛司先生であった。先生は国語が専門で、三好達治の詩「雪」（太郎を眠らせ、太郎の屋根に雪ふりつむ。／次郎を眠らせ、次郎の屋根に雪ふりつむ。）を数時間かけて鑑賞した授業がなつかしい。

あれは5年のときであったろうか、それとも6年のときであったろうか。先生は出張するたびに『ビルマの竪琴』の朗読をオープンリールの重い録音機（昭和30年ころの最新機器）に吹き込んでおいて、自習の時間に聞かせてくれた。直接、朗読してくれたこともあったように思う。

先生の朗読は抑揚がなめらかで、進んで本を読むことなどなかった私は、知らず知らずのうちに『ビルマの竪琴』の世界にさそわれていった。戦死した兵士を供養するため、僧になって戦地に留まることを決意した水島上等兵。「おーい水島、いっしょに日本に帰ろう」とインコに覚えさせ、その耳元で語らせようとする戦友たち。物語が佳境に入ってくると、次の展開が早く知りたくて自習時間を待ち望む私であった。

どのくらいの期間、先生の朗読テープはつづいたのだろう。朗読を届ける先生の声に私たちは耳を傾けた。先生は物語について講釈したり、感想を述べさせたり、感想文を書かせたりすることはしなかった。教室を空けたときにも子どもたちに語りかける時間をもちたい。そう思ってのことだったのだろう。

小説『ビルマの竪琴』は、水島上等兵のしたためた長い手紙が帰船の甲板で隊長から読み伝えられて終わる。平山先生の長きにわたった「朗読テープ」もそれで終わった。何だかすっぽり穴が空いたようで、もう一度『ビルマの竪琴』を、今度は自分で読み味わいたいと思う私がいた。

＊＊＊

池澤夏樹さんが編集する『本は、これから』（岩波新書）を読んだ。37名の執筆者が、電子書籍の流通し始めた当今の情勢をふまえて「本のこれから」について語っている。そのなかに、生まれて間もない幼少のころの読書体験にふれた松岡正剛さんの一文がある。

「おそらくぼくの読書は母の膝の上で絵本を見ているところからはじまっているのだろうが、それは母の手の動きごとのものだった。その絵本には母の手が付録についていたようなものだったのだ。少したって石井桃子の『ノンちゃん雲に乗る』やロフティングの『ドリトル先生』シリーズを読んだときは、漢字のかたわらにいっぱいくっついていたルビが母の手の代わりになっていた」

私の最初の読書体験も、きっと「母の膝の上」であっただろう。そのとき絵本にはたしかに《母の手》が「付録」としてついていて、その「付録」があるおかげで本と親しむことができた。

「付録」というのは、ふつうは本体に添えられた「おまけ」のようなことがらを言う。しかし、ここで松岡さんが用いる「付録」は違う。「ちょっとしたことがら」にはちがいないのだが、それは「幼な子の読書」に欠くことのできない、きわめて重要な添えもののことである。

そのように考えるならば、幼な子のそのときの読書には《母の手》のほかに、いくつもの「付録」がついていた。それは例えば「母の膝のぬくもり」であったし、自分ひとりのために耳元で語る「母の朗読」であった。これらの「付録」のなかで本を読んだ幼いころの私を思い出そうとしても、それはできない。しかし、わが子に絵本等を読み聞かせる身になってからのことであれば、その光景をくっきりと思い浮かべることができる。

幼な子は少し大きくなると平仮名や片仮名を覚え、《母の手》を借りる必要がなくなる。一人で本が読めるようになるのだが、ときどき見慣れない漢字にぶつかってとまどってしまう（それは大人になってからも変わりはない）。そのようなとき、漢字のかたわらに「ルビ」がついていて《母の手》の代わりを務めてくれる。

＊＊＊

内田樹《たつる》さんは「僕たちは全員が、例外なしに、『無償の読者』としてその読書歴を開始します」と述べて、次のように指摘する（『街場のメディア論』光文社新書）。

「生まれてはじめて読んだ本が『自分でお金を出して買った本だ』という人は存在しません。僕たちは全員が、まず家の書棚にある本、図書館にある本、友達に借りた本、歯医者の待合室にある本などをぱらぱらめくるところから自分の読書遍歴を開始します。そして、長い『無償の読書経験』の果てに、ついに自分でお金を出して本を買うという心ときめく瞬間に出会います。その本を僕たちは自分の本棚にそっと置きます」

ふり返ってみれば、身銭を切って本を買い求めるようになるまで、私は数えきれないほどの「無償の読書経験」を積み重ねてきていたのだった。その機会を与えてくれた方々にはどれほど感謝してもしきれないのだが、私には一つの心残りがある。

それははじめて自分の小遣いで買い求め、勉強机のブックエンドにそっと置いたにちがいない本の書名を思い出せないことである。「心ときめく瞬間」を味わって、何度となく手にして表紙や背表紙をながめて過ごしたにちがいないのだが、そのときの記憶を失っていることが悔やまれる。

私とブータン――3度にわたる突然の出遭い

ブータンのジグミ・ケサル国王（31歳）が、王妃（21歳）とともに国賓として来日した（平成23年11月15日）。両国が国交を樹立して25周年にあたる年の来訪である。国王は国会議事堂で演説して「私は偉大なる叡智、経験および功績を持つ皆様の前に、ひとりの若者として立っています」と述べたが、その気品と格調高い言葉からお人柄が察せられた。

3月11日に押し寄せた津波のテレビニュースを、国王はなすすべもなく見つめた。「愛する人びとを失くした家族の痛みと苦しみ、生活基盤を失った人びと、人生が変わってしまった若者たち、そして大災害から復興しなければならない日本国民に対する深い同情を直接お伝えできる日を待ち望んできました」と国会で語る。そして、「いかなる国の国民も、決してこのような苦難を経験すべきではありません。しかし、仮にこのような不幸からより強く、大きく立ち上がれる国があるとすれば、それは日本と日本国民であります」と語りかける。

国王夫妻は滞在日程に福島県の相馬市訪問を組み入れ、被災した現地に出向いて深い祈りを捧げた。同市の小学校では「皆さんは、竜を見たことがありますか?」と子どもたちに問いかけた。「私はあります。皆さんそれぞれの中に竜はいます。人格という竜は年を取って経験を積むほど大きく強くなっていきます」と、経験をゆたかに積み重ねて「人格」を磨きつづけてほしいと願った。ブータンの正式国名は「ドゥルック・ユル」で、「ドゥルック」というのは「雷竜」を意味し、同国の国旗にはその竜が白く描かれている。

6日間の短い滞在ではあったが、お二人の姿を通して多くの日本人がブータンに親しみを覚え、また敬意をいだくことになった。

＊＊＊

思えば、ブータンはこれまで2回、私の視野に思いもかけず飛び込んできていた。その最初は中学1年のときである。週5時間ある社会科の授業はすべて地理で、私は地図帳をながめることが好きだった。休み時間には地図帳をパッとあけ、開かれた地図のなかから気づきにくい地名などを出し合って、それを早く見つけ出す遊びも流行っていた。

ある日、インド大陸の地図を見ていると、広大なインドの東端（ガンジス川下流域）と西端（インダス川下流域）にパキスタンが分かれてあった。およそ2000kmも遠く離れて一つの国家が存在している。パキスタンは、国家としての統一性をどのようにして保っているのだろう。「東」と「西」の国民は、一体感をもって過ごしているのだろうか。〝飛び地〟であることの不便さや不自由さを想像しながら、地図に目を落とした。

そのときインドの北方に目をやると、インドと中国にはさまれてブータンという小国があった。この国にも信じられないことがあった。二つの都市に首都の印が付けられている。間違いではないかと思って別の地図帳を見たが、やはり2都市が首都と記されている。

いったい、どういうことなのだろう。首都というのは国の政治経済の中心地を意味し、他の国を見てもそれは一つである。理解しがたいこの事実に私の興味はそそられた。図書館の百科事典か何かで調べたのだと思う。ある本に「夏と冬で首都が代わる」と書かれていて、寒さの厳しい冬になると気候の穏やかなもう一つの都市に首都を移すということであった。

ヒマラヤ山脈の南に位置するブータンであるから、そのように説明されれば理解できないこともない。しかし、気候の寒暖に合わせてのことだと言うのであれば、一年を通して温暖な方を首都にすればいいではないか。国の中心地を半年ごとに入れ替えることによって生じているにちがいない不都合は、どう考えられているのだろう。首をかしげざるをえない私であった。

＊＊＊

今から30年前（1984・昭和59年）、ブータンは私の眼前に別の文脈で突如として姿を現した。

広瀬隆著『クラウゼヴィッツの暗号文』（新潮社）に、第2次世界大戦後、世界の各地で起きた戦争が1年1枚の地図に書き込まれ、39枚の地図が掲げられていると私は教えられた。広瀬さんは「はしがき」で「ただひとつ読者に求めたいことがある」と著者としての願望を述べる。

それは、「見開き78ページにわたるその部分を一気に飛ばさないでいただきたい。紙を1枚ずつめくった上で、最後の39枚目の地図に到達していただきたい」という願いである。私は「1945年」から1枚1枚をめくって、「1983年」までに起きた戦争に目を通していった。戦争や内乱、内戦、紛争などは近年になればなるほど頻発していて、世界地図はその記載で埋め尽くされていく。世界大戦は終結したと言っても、その後もひっきりなしに、どこかで戦火が上がりつづける「戦後」を見せつけられて、私は愕然とした。

39枚の逐年の戦争地図を掲載し終えた同書は、その150ページ後に「もう一つの戦争地図」を掲げた。それは、1945年8月15日以降の39年間、戦争を一度でも起こした国を黒く塗りつぶしたものである。真っ黒に近く塗りつぶされた地図のなかで、白地のままの国、ということは第2次世界大戦後、一度も戦争せずにきた国はたったの8か国にすぎなかった。

それは、北欧のスウェーデン、フィンランド、ノルウェー、デンマーク、アイスランドと永世中立国スイス。そして日本と、もう1か国はあのブータンであった（同地図にはリベリアも白地になっているが、その時点までにクーデターが起き、1980年からは大規模な内戦状態がつづいているので除外する）。

「8月15日」は、日本国民にとって忘れてはならない「終戦」を記念する日である。マスコミは夏になると必ず「戦後○○年」という特集を組み、私たちは戦争の記憶を思い起こして平和の尊さをかみしめる。しかし、すべての国がそのような思いで「8月15日」を迎えているのではなかった。8か国以外の国は、例えば「戦後10年」であったり「戦後20年」であったり、あるいは「現在戦争中」であったりする。「39年間も戦争をしない」ということは、よほどの固い決意が為政者にはもとよりのこと、国民にもなければできないことを知らされた。

広瀬さんのこの労作を生かしながら、私は「戦後39年ということ」という授業を6年生に行った（その教材化の過程と授業のあらましは、『フィールドワークでひろがる総合学習』一莖書房に書き記している）。あれからさらに30年が経つが、ブータンはその後もずーっと戦争をせずにきて、今年は戦後69年を迎える。

＊＊＊

今回、ブータン国王の来日を機に、同国に対する私の関心は三たび高まった。手もとの地図をあらためて見てみると首都は「ティンプ」となっていて、私の中学時代の記憶はもしかしたら間違っていたのかもしれないと心が落ち着かなくなった。

百科辞典や何冊かの本にあたってみたが、「二つの首都」について明確に書き記すものはない。今枝由郎著『ブータンに魅せられて』（岩波新書）のなかに、ようやく次のような記述を見つけることができ、私は胸をなでおろした。

「そもそもティンプが恒久首都になったのは１９５５年で、それ以前はティンプは夏の首都であり、冬の首都は気候がずっと温暖なプナカであった。それ故に、当時はまだ伝統的な人口の季節移動が行われており、冬の間は政府の要人も、僧侶も農民も、大半はティンプよりも暖かいプナカとか南ブータンの避寒地に移動していた」

今枝さんはブータンに１９８１（昭和56）年から10年間居住して、国立図書館顧問を務めた。ブータンに流れる時間や空気について、次のように私たちに教えてくれる。

「ブータンの時間は、流れるようで、止まっており、止まっているようで、流れていた。この時間が、誰もが互いに関心をも持ちつつ、必要とあらば、立ち止まって手を貸し合える余裕を生んでいた。人びとの歩みに、眼差しに、なんとも温かさが感じられ、なんと人間的なんだろう、と羨ましさを禁じえなかった」

前国王のお人柄は何よりもストイックなまでに質素で、飾り気がなくて形式張らず、また思いやりがあって周囲に対する気配りを欠くことがなかったとも述べる。私たちの現国王に対する印象も変わりない。前国王は「国民総幸福」という理念を提唱したが、それは、つましく暮らすことをこのうえもない幸せと感じ、「あなたは幸せですか」と問われると97％が「はい」と答えるブータン国民の思い（２００５年国勢調査）そのものである。「国民総生産」などを指標にして、物的な発展を追い求めてやまない世界各国の人びとを覚醒させる哲学の表明である。

ブータンに二つの首都が記され、パキスタンが東西に飛び地であった「40数年前のあのとき地図」を、私はもう一度見てみたい。

ぼくのモルジブ——中学生のこころに残って38年を経た「童話」

私は20代の後半、川崎市で中学教師を6年勤めた。どの教師もそうであろうが、最初に担任した生徒たちは印象深く残るものである。私の着任校は大師中学校。川崎大師の東門前にあって、すぐ東を産業道路が走り、その向こうは京浜工業地帯の工場群であった。煙突から吐き出される煙はこの町の誇りとされていたが、それは、1960年代後半より人びとの健康を蝕む公害の象徴に変わっていた。学校から歩いて10分ほどの民家に下宿し、授業づくりや学級づくりに努め、また野球クラブの顧問として汗を流して過ごした日々は、今も私のからだのどこかに沁み込んでいる。

社会科の授業を3年間持ち上がって担当して卒業させた生徒たちは50歳になって、学年同窓会を催した。テーブルを回って60名ほどの〝生徒たち〟と思い出話をしていくと、熱意だけで突っ走っていたと言っていいであろう［あのころの私］がしだいに思い起こされ、ふしぎな時間を味わうことになった。

「『ぼくのモルジブ』覚えてますよ」と何名かに言われて、私は驚いた。それは、彼らが2年生のとき（昭和46年12月17日）に創作した「童話」である。10年以上も前、久しぶりに読んでみたことがあるが、［私の抜け殻］のようで気恥ずかしくなったことを思い出す。

しかし、この「創作童話」を38年経っても覚えていると言われると、なぜ生徒の記憶に残ることになったか、考えてみる価値があるように思えてきた。なぜなら、「モルジブ」という国はめったに新聞に登場することのない小国であって、すらすら口に出てくるような国ではないからである。

また、あの「童話」などとっくに忘れてしまってもおかしくないのに、「覚えてますか？」と私の記憶を試すように、なつかしそうに話しかけられたからである。

＊＊＊

「島に住む人」という意味を持つモルジブは、インド大陸の南西端640kmの洋上にあって、26の環礁と約1200の島々で成り立つ約300km²の島国である。

『ぼくのモルジブ』は、次のように書き出されている。


ついこの間まで、ぼくはモルジブを知らなかった。先週、クラブの時間に話したときでさえ、アフリカの一独立国だろう、ぐらいにしか思っていなかった。

でも、いま、モルジブは世界の150近くある独立国の中で、ぼくにとってもっとも親しい国になっている。モルジブはぼくの頭に焼きついてはなれない。つくえにむかい、モルジブのことを考えるときほど楽しいときはない。

私はその年の夏休み、奄美諸島の南端に浮かぶ沖永良部島に旅行した。その小島で私は3日過ごし、いろいろなことを感じて考えたので、授業で生徒に話したことがあった。そこで、「童話」は次のようにつづいていく。

そういえば、沖永良部島が教科書のどのページにものっていなかったように、ぼくのモルジブも地理の教科書のどこにものっていない。だから、ぼくはモルジブに心をひかれてしまう。ちっちゃな、ちっちゃな、だれも知らない島国。それがぼくのモルジブだ。「なんだ、そんなら試験に出ないな。覚える必要ないな。」と君はいう。そう、試験に出ないからモルジブはたいせつなんだ。だれもが「たいした国じゃない」と勝手に思っているから、教科書にのっていないだけさ。

そうして、高温多湿のモルジブの気候が川崎の気候と比べて話される。

ぼくのモルジブの国民は、日本の気候なんて知らないから、モルジブの気候が一番いいと思っている。雨はたくさん降るものだし、気温は高いものだと思っている。
どんなに気温が高くたって、雨がふったって少しも苦にしない。人間は自分の生まれついた自然の中で、楽しく、しあわせに生活を送ればいい。

汚れきった川崎と違って、空気がおいしく星空がきれいで、たくさんの魚たちが海辺を泳いでいるモルジブである。その自然について述べたのち、島の学校の様子が次のように書かれていく。

ぼくのモルジブにも、島に一校ずつ学校がある。でも、試験、試験で苦しめられるところじゃないよ。毎日みんなで（ヤシの実で）ラグビーして遊ぶし、数の計算ができなかったら、みんなで教えあう。サンゴ礁の美しい海を思いのままに絵にえがく。

高いヤシの木にのぼって、「ヤシの実の歌」をうたう。そして先生にモルジブのむかし話をきくんだ。高校に行くために勉強してるんじゃない。いままで知らなかったことを知ることがうれしいから、一人でうたうよりみんなと合唱した方が心がおどるから、ぼくの生まれる前の、ぼくの国のことを知りたいから勉強する。

けんかした友達とどうしたら仲直りできるか、それもみんなで知恵をしぼって考えるんだ。だから、子どもたちはだれもが学校が大好き。君たちは、いったい何のために勉強してるのかな。

『ぼくのモルジブ』は、このように、読み手である生徒たちの日常と対比させたり、社会科の授業で学んだ知識とつなげたりしながら書き進められる。行ったことのないモルジブに好奇心を駆りたてられながら、自分自身を見つめさせられてもいく。
ここで、「それでは、学校でならったモルジブの歴史を話そう」と、「ぼく」は植民地時代のモルジブについて語り伝え、独立を勝ち得たときの国民の熱気を伝えることになる。

植民地では、人間は「個人」として尊重されない。「物」として所有される。モルジブの島々はイギリスのもの。だから、そこに住むモルジブの国民もイギリスのもの。「土人」としてさげすまれ、大国のためにのみ生きることを強要されたぼくたち。生きる楽しみを味わうことが許されなかったぼくたち。このくやしさに歯をかみしめない日はなかった。

モルジブ国民として生まれたことをどんなにくやんだことだろう。早く独立して、自分たちの手で、むかしのような自由な社会をつくろうと、青い海を見つめてはげましあうのだった。

そして、やっと1965年、今から6年前の7月28日——君が小学校3年のとき、モルジブは独立をかちとったのだ。7月28日はぼくのモルジブの独立記念日。忘れることのできない日。

今年もこの日、首都のマールは独立を祝う国民でうずまった。南から、北から、何千というカヌーがマールに押し寄せた。「二度と他国に支配されまい」と、イブラム・ナシル大統領が力強く演説し、拍手の波がまき起こった。
つづいてナシル大統領は、「モルジブは絶対に他国を支配しないことを誓おう」と国民に呼びかけた。広場は熱気につつまれた。

『ぼくのモルジブ』は、さらに次のようにつづく。

国際連合に加盟が認められたのは、独立したその年の9月21日。この日に、ニューヨークの国連本部前のポールに、ぼくのモルジブの国旗――緑の長方形をややふとめの赤でふちどり、中心に白の三日月――が、はじめてひるがえった。117番目の国旗だった。この日もぼくにとっては忘れられない日。
世界の平和について、インドとギニアと、イギリスと、オーストリアと、アメリカと、ソ連と、パキスタンと同じ一票を投ずる資格をえた日。

このあと童話には、次のように書かれている。

年表を見ると、君たちの日本の国連加盟が認められたのは、ぼくのモルジブより9年前の1956年。日本はどうして、はじめから国連に加盟できなかったのだろう。

僕のモルジブはイギリスの支配下にあったから加盟が遅れたんだけど、日本の加盟が遅れたのはどうしてなのだろう。世界の平和機構に加盟したくなかったのだろうか。そんなことはないだろう。日本の憲法には、戦争を放棄した条文があるほどだもの。どうしてなのか、モルジブの子どもたちに教えてほしい。なにしろ、なんでも知りたい子どもたちだから。

ここで、私は「ぼく」という語り手を介してとても重要なことを考えさせている。12月のこの時期、2年生の歴史の授業は「帝国主義の時代」に入ったところであった。3学期に学ぶことになる「その後の日本の歩み」に、謎を投げかけての語りである。

さて、モルジブは独立するとさっそく憲法を制定した。その憲法と日本の憲法に話は移り、モルジブが日本国憲法第9条に学んで憲法を改正することになったことが記されている。「創作童話」であるから許される、「こうなると素敵だな」と私が夢をふくらませて書き込んだフィクションである。

生徒たちはそのころ、美術の授業で、島のどこかに宝物が埋蔵されている宝島を思い思いに描いていた。『ぼくのモルジブ』は、そのことにつなげて次のように締めくくられる。

ぼくは、君たちがかいた「宝島」の絵を見るたびに、ぼくのモルジブを思い出す。なにしろ１２００近くも島があるのだから、君たちのどの絵もが、モルジブの島に似て見えてしまう。もしかしたら、モルジブの子どもたちのかいた絵より、はるかにじょうずかもしれない。

君たちがえがいた「宝島」の岸辺で、モルジブの子どもたちが写生しているなんて、考えただけでも楽しくてならない。いつか、日本の子どもたちと、モルジブの子どもたちが、いっしょにスケッチできたらいいな、とぼくは思う。

＊＊＊

38年経っても覚えているという『ぼくのモルジブ』は拙いものだが、要約すれば、以上のような粗筋である。なぜこの「童話」が中学生の心に刻まれたか、あらためて読んでみて、私にも少しは見えてきた。

彼らは公害の町、川崎に生まれ、多感な青年期を生き始める中学生であった。地理や歴史、政治経済の授業を教科書に沿って受けながら、それがどのように自分のなかで血となり肉となっていくのか、漠然とした思いを抱いて高校受験の直前を生きる中学生でもあった。『ぼくのモルジブ』は、その10代前半のこころに、さわやかな風を吹き込むことになったのだろう。また、日本という社会を見つめる扉の役割を担ったかもしれない。

今の中学生も変わりないであろうが、彼らには、社会科にかぎらず多くの教科で「暗記すること」が求められていた。一つでも多くのことを「正確に覚えること」が勉強とされ、そのようにわきまえて机に向かっていた。そんな教室に、小さいときに読んだ童話に似たなつかしい風が吹き込んできたのだろう。

島国モルジブは世界地図に書き表すとすれば、見えるか見えないかの無数の点々となるしかない。「試験に出ないからモルジブはたいせつなんだ」という「ぼく」の思いに共感でき、そんなモルジブにこころを寄せる時間は涼やかで、この「童話」はこころの奥底に残ることになったのではないだろうか。

ところで今、「ぼくのモルジブ」は深刻な事態に陥っている。40年ほど前には誰も予想しなかったことであるが、地球の温暖化が進行して、1200の島々は海に没する恐れが出てきたのだ。何しろどの島もその海抜は高くても2m4cmであるため、もし海面が1m上昇するならば、国土の80%が地上から姿を消していく。インド洋上のモルジブは、太平洋上のツバルと同じように国の存亡の危機に立たされている。

◇『ぼくのモルジブ』を書こうと思ったきっかけについてふれておきたい。当時の防衛庁長官は西村直巳氏であった。同氏は自分の選挙区の漁船がモルジブ近海で拿捕されたことに不快感を持ち、「国連は田舎の信用組合のようなものだ。アメリカは大国だが、モルジブなんかはひどい国だ。一種の土人国だ。こういう国が国連で一票もっているんだ」と発言した。この発言は世論の批判を浴びて、同氏は長官を更迭された（昭和47年12月4日）。その放言・失言がなかったならば、モルジブは私の視野に入ってくることのない小国であった。

山高帽のちっちゃな歴史——長篠の戦、鹿鳴館時代、そして埴輪

名古屋市の徳川美術館を訪れた。その一室では「戦国の合戦」の展示があって、私は思いもよらず「長篠合戦図屏風」（157、9㎝×366㎝）を見ることができた。教科書などに掲載されているそれは、縮小されているので細部まで見えなかったり、一部分のみの掲載であるために全体像が分からなかったりする。目の前の屏風画は、私を戦場に引き込むような迫力をもって立っていた。

周知のように、長篠の戦は天正3年（1575年）5月21日、織田・徳川連合軍が鉄砲3000丁を用い、無敵を誇っていた武田軍の騎馬隊を一掃した「歴史を画する戦争」である。戦国の世には各地でいくさが起きていたのだが、その状況はその場に立ち会った人しか知りえない。報道カメラマンなど存在しないこの時代、軍記を読み解いて戦場を想像し、屏風に描いて多くの人たちに知らせた画家たちの功績は大きい。

徳川美術館所蔵のこの屏風は、犬山城白帝文庫に所蔵されている成瀬本を模写して江戸時代の後期に描かれた。全国に12点あるというそれぞれの屏風は、原画と比べれば相違点はいくつもあろうが、史料としての価値は劣っていない。織田信長、豊臣秀吉、徳川家康の3武将が要

所に描き込まれた戦場画でもある。

＊＊＊

有田和正さんが社会科の実践を通して力を注いだのは、「追究の鬼」を育てることであった。「追究の鬼」とは、いろいろな事物に「はてな?」と疑問を持ち、納得のゆくまで調べ、その結果を的確に発表する子どもを言う。そもそも有田さん自身が、そのような目で社会の様ざまなものごとを見つめる「追究の鬼」であった。

その鋭い目で発掘された教材は多岐にわたり、説明的な社会科授業を脱する方向性が示された。その一つに、「長篠合戦屏風」を切り口にする授業がある。

「『長篠の戦』の絵は、どのくらいの内容を含んでいるかわからないくらい、多くの内容を包み込んでいる。よむ人の力に応じて、少なくも、多くもその内容を見せてくれる。／この絵で目立つのは、カラフルな戦場の旗である。これは鉄砲よりも目立つ。／この旗はどんな役目をはたしていたかを問うことによって、当時の戦争のようすを浮きぼりにすることができる。／この旗は『勤務評定』用に使われていたのである。／これがわかると、『へえ? こりゃおもしろい』ということになる。／絵の見方が変わってくる」(有田和正著作集『「追究の鬼」を育てる』第10巻「教材発掘から授業づくりへ・高学年」明治図書)。

有田さんの目は戦場の旗から旗と家紋の関係、鉄砲が使われていること、柵が設けられていること、弾詰めにかかる時間、鉄砲隊が3隊に分かれていること、戦場近くの農民のことなどへとひろがって、１枚の絵を通して戦国の世に子どもたちを誘い込んでいく。

＊＊＊

川崎市の中学教師になった年の夏休み、私は生徒（２年生）に課題を出した。それは１学期に学んだことをふりかえったり、いろいろな催しに参加して考えたりしたことのレポートである。９月になって提出された一つひとつを読むと、生徒たちが社会の様ざまなことに関心をもって、自分の頭で考えていることが伝わってきて読むのが楽しかった。

そのなかにＵ君の次のような文章があった。

「はにわのイメージを今ここで、変えなくてはいけなくなった。それは、『かながわの埴輪展』を見てからである。初めに変えなくてはいけないのは、はにわの大きさである。本や教科書で見たのは、高さ10～15㎝ぐらいで、長さも20㎝ぐらいしかなかったが、この展示物には、高さ70㎝、長さ１ｍの大きさのものがあるのである」

このように書き出して、目に飛び込んできた「一つの謎」が指摘された。

「人のはにわの頭に帽子がのっていた。教科書のはにわの写真を見直すと、やはり帽子をかぶっていた。――古墳時代からもう帽子みたいのがあったのか。古墳時代にあって、江戸時代にはなかったというのはおかしいではないか。そんな昔に、ヨーロッパでは帽子はつくられていたのだろうか。もしかしたら、当時の日本人が、生活の中から、必要だと思ってつくったのかもしれない」

教科書に掲載されている埴輪の写真は授業で見ていたのだが、私も生徒も誰一人として「帽子」に目を留めて不思議がることがなかった。U君に指摘されてみると、たしかに不思議である。『魏志倭人伝』によれば、弥生時代（三世紀前半）の人びとの風俗は、男は髪を丸出しにして木綿の布を頭にかけ、着物は幅が広く結び束ねた程度の簡単なもので、女は髪を束ねて結い貫頭衣を身にまとっていた。埴輪の風俗はそれとあまりにもかけ離れている。

奈良・平安時代の貴族や鎌倉時代以降の武士のそれと比較しても、埴輪の風俗は異質すぎる。何の疑問ももたずに素通りしてしまった不覚をかみしめ、私は生徒たちとともに想像をふくらませたり手もとの事典などにあたったりして、「埴輪の帽子」の謎解きに向かった。生徒たちの挙げる諸説を整理してみる。

○埴輪の帽子は剣を差してかぶっている姿からすると、身を守る兜（ヘルメット）である。
○埴輪の帽子は、暑い日、ハスの葉で日差しよけしたことをヒントにして作られた麦わら帽子である。
○埴輪の帽子は、木の実を採取に出かけた人が手にしていた壷をちょこっと頭に乗せたことがヒントとなって作られた。
○埴輪の帽子は、烏帽子や冠などのように身分の高い人がかぶる権威の象徴である。
○埴輪の帽子は、縄文時代にもヘアピンがあったことを考えると、当時、流行したおしゃれである。
○埴輪の帽子は難破した外国船から流れ着き、それをかぶって歩いた人のカッコが良くて広まっていった。
○埴輪の帽子は、葬儀の折に男性が正装としてかぶる帽子である。

私は東京国立博物館に埴輪を見に行った。兜を被る埴輪もあるが、明らかに「山高帽」としか見えない被り物の埴輪が何体もある。何冊かの本にあたって「帽子の歴史」や埴輪の風俗を調べ、芝山はにわ博物館に手紙を出して教えを乞うこともした。しかし、腑に落ちるような説明には出会えず、生徒たちと首をひねる時間がつづいた。

＊＊＊

U君の謎の指摘があってから、史料画を見るとき、被り物に目を向ける習慣がつくようになった。文明開化の明治初期、羽織、袴に山高帽を被って靴を履き、ステッキを持つ男がいた。鉄砲とキリスト教が伝来した安土桃山時代の絵には、背の高い西洋人が山高帽を被り長い靴下を履いて歩いていた。

あるとき、長篠の戦の屛風絵を何気なく見ていて、私は「えっ」と驚いてしまった。なんと徳川・織田軍の武士たちの中に、山高帽を被って部隊を指揮する武将の姿があちこちに見られ、武田軍のなかにもその姿が見られたからである。私は高ぶってくる気持ちを抑えるのに苦労して、愛おしく屛風画を見た。

古墳時代には、南蛮文化の渡来・開国後のヨーロッパ文明の流入と匹敵するような、大きな外交情勢の変化があった。このことを「埴輪の被る帽子」は私たちに伝えてくれている。江上波夫さんの『騎馬民族国家』（中公新書）を読むと、後藤守一さんの次のような見解が紹介されていた。

「これ（上代の帽子）を自生とすることもできよう。しかしまた一方、わが国の気候は帽の発達に必《ママ》しも好適のものとはいえない。夏時暑熱の際の多湿は、すくなくも帽の発達を妨げるであろう。したがってわが国に自生し得るものではないということも一応は考えてみなければならない。」「一度は北亜の地に占住していたわが日本人が、日本島渡来の時に、これを北地から持ってきたものであるとするのが最も妥当な考えではあるまいか」

この指摘からしてみても、山高帽は古墳時代・戦国の世・鹿鳴館時代の3度にわたって外国から持ち込まれ、人びとの目を引くことになった。しかし、蒸し暑い日本の夏の気候は帽子の着用に適していないので、ブームが過ぎるといつかすたれていくのであった。

＊＊＊

生徒たちと様ざまに考えあったあのころの日々は、活き活きとしていた。生徒が想像して考えた文章は『はにわの帽子は何のため』という文集に収められ、私は「『山高帽』のちっちゃな歴史」と題する一文をそれに載せた。それは以下のように書き始められている。

――信長や秀吉が活躍した時代、そのころの人々はどんな服装をしていただろう。帽子をかぶり靴下をはいていたという人がいれば、「バカなことというな」と君はその人を相手にしないだろう。でも、この16世紀、日本にはるばる鉄砲やキリスト教を伝えた人がいた。そう、ポルトガル人やスペイン人。南蛮人と呼ばれたこれらの人々は、ヨーロッパの風俗も伝えたのだ。そして、戦国の世の日本人は「山高帽」をこの上もなく愛用したのだった。

例をあげよう。信長が鉄砲をはじめて使用した戦いとして、1575年の「長篠の戦」を知っているだろう。その戦いをえがいた『長篠合戦屏風』に、よろいをつけながら「山高帽」を上品にかぶり、部隊を指揮する武将の姿が何人も見られる。

鉄砲やヤリを使用する生きるか死ぬかの戦場で、武士が「山高帽」を着用するなんて、あまりにも常識はずれだと思うだろう。しかし、この当時、「山高帽」はトップ・モードで、だれもが一度はかぶってみたい高級品だったのだ。

かぶとを身につけず、あえて「山高帽」を着用しているその姿は、目新しいモードを身につけ、それを他人にほこらしげにみせびらかそうとする、いつの世も変わらない、流行を追う人間の心理のあらわれなのである。

人間にとって最もたいせつなものは何だろう
——3億円強奪事件の最大の被害者

昭和43年（1968年）12月10日朝9時15分、日本信託銀行国分寺支店から、東芝府中工場の4523人分のボーナス約3億円（ジュラルミンの箱3個）を積んだ現金輸送車が出発した。5分後、府中刑務所の裏を通りかかると、白バイの警官が追って来て停止を指示した。支店長の家が爆破されたので、この車にもダイナマイトが仕掛けられているかもしれないという。行員4名は車から降ろされ、3億円はまんまと強奪された。さっそくモンタージュ写真が作成され、多摩地区に住む20代の男性21万人がしらみつぶしに調べられたが、犯人らしき人物は浮かび上がってこなかった。

1年後の12月12日、毎日新聞の夕刊は一面トップで、26歳の運転手Aが重要参考人として取り調べを受けたと報じた。12301人目の容疑者となった彼は「あの日の9時すぎ、府中刑務所脇にはいなかった」と、アリバイを述べることができなかった。

16時間にわたる取り調べの後、Aは「容疑が増した」という理由で別件逮捕された。毎日新聞は翌日（13日）の朝刊一面で「草野」とその名を明かして顔写真も掲載し、社会面では「〃灰色の草野〃その青春」という大きな見出しで、中学・高校時代、勤め先、近隣、家庭での様子など、彼の過去と現在をスクープ記事として洗いざらし報道した。

16時間の取り調べで、彼が執拗に聞かれたのは「1年前の12月10日の朝9時すぎ、どこで何をしていたか」である。はっきり覚えていないので、答えのしようがなかった。「もしかすると」と思って述べると、それは記憶違いであることが判明し、疑惑を深めることになった。

ところが、14日の新聞は「草野さん、3億円とは無関係　当日のアリバイ成立」という見出しで、草野信弘さんの釈放を伝えた。あの日、ある会社の入社試験を受けていたことが、取締役の証言で確認できたからである。「A→草野→草野さん」と言い換えられての3日間の報道。草野さんは「自由の美しさと貴さをしみじみと感じています」と、記者会見で語った。

＊　＊　＊

草野さんの誤認逮捕が起きたのは、私の大学院時代であった。連日の新聞報道は強烈で、私はそれを切り抜いてスクラップした。誤認逮捕から10年後（昭和54年12月8日）、私はその記事を使って教材「自由について」をつくり、千葉市立花園小学校の6年生に授業を行った。

授業ではまず、「人間にとって、最もたいせつなものは何だろう。人にあげますよって、ゆずることのできないもの、ほかの人が奪い取ることのできないものは何だろう」と問いかけた。子どもたちからは「いのち、心、人権」が挙げられた。「ほんとうは何かな。もしかしたらこのなかにもあるかもしれないし、考えもつかなかったことかもしれないね。それを考えてみたいと思います」と、私は授業の主題を明らかにした。

次に行ったのは「去年の、1年前の12月8日の朝9時すぎ、君はどこで何をしていたか」と、子どもに問いただすことである。突然そう聞かれても、思い出して答えられるものではない。草野さんが立たされることになった状況の疑似体験である。

ここで、3億円強奪事件のあらましと、草野さんが重要参考人として取り調べられ、別件逮捕され、第三者の証言で釈放されるまでが、OHPで新聞記事を映しながら説明された。

自分ではどうしても思い出せなかった1年前のことを、第三者が覚えていてくれて釈放されたとき、このとき、草野さんはどんなことを思っていただろうか――。そう尋ねると、子どもからは「よかったと思ったんじゃないか」「うれしかったと思う、ありがたかったんじゃないか」「身も心も疲れ果てていたんじゃないか」「悔しさっていうのもあったんじゃないか」と、そのときの草野さんの心情を推察する発言が次々に出された。

この後、授業では記者会見で「自由の美しさと貴さをしみじみと感じています」と草野さんが述べたことや、父親の思いが伝えられた（ここまでで43分）。

＊＊＊

10分の休憩後、授業の後半が始まった。草野さんのその後に目を移して考える時間である。さっき、草野さんは「自由の美しさと貴さをしみじみと感じています」と言ってましたね。草野さんにとって「自由に生きていく」っていうことは、どういうふうに生きていくことなんだろう――。

そう聞いてみると、真っ先に「自分の好きな仕事に就いて、妻を持って幸せに暮らすことじゃないか」という発言があって、参観していた学生たちから思わず笑い声が起きた。「自分の明日からのことをちゃんと、よく考えてから行動したりする」「自分を信じていく」といった発言も出されていった。

それらの発言をふまえて、次に尋ねたのは「このあと草野さんは、どんな生き方をしていくか」である。1分ほど隣りどうしで話し合い、その後に出された予想は次の通りであった。

> ○人の人権などをたいせつにして生きていくと思う。
> ○あれだけ新聞に幅広くのったから、どっかの会社も雇ってくれないことになって、生活に不自由するんじゃないかと思う。
> ○あれだけの事件に耐えたんだから、精神力もだいぶ強くなって、自分の職業を切り開いていったと思う。

果たして、草野さんはどのような人生を送っていくことになるだろう。草野さんの2年後を伝える新聞記事「草野さんにいつ春が……」(朝日新聞・昭和46年12月1日)が配られた。

それによると、たったの2日警察に呼ばれたことで、草野さんの人生はめちゃくちゃにされてしまっていた。同情する手紙も数多く届いたけれども、会社には迷惑がられて退職金なしで退職させられた。警察に事情を聴かれたことが堪えたからであろうか、親しかった友人は遠ざかっていった。兄弟の縁談は「有名人でいらっしゃるから」という理由で壊れたし、身内に自殺騒ぎも起きた。「お前のおかげで、一家の面目は丸つぶれだ」と、肉親までに責められた。草野さんは光子さんと結婚して、子にも恵まれてはいたけれども、このような状況のなかで定職に就くことはできずにいた。

この新聞記事を音読していくと、子どもたちは思いもよらぬ重い現実にふれて、衝撃を隠せなくなっていた。感想を聞いてみると、「世間の目は冷たい」という発言が相次いだ。「両親や兄弟との関係も変なふうになってしまって、かわいそう」とか「草野さんの子どもたちも、世間から冷たい目で見られるかもしれない」という発言も出された。

授業はここで「最初の問い」に戻り、次のように締めくくって終わった。

――最初に「人間にとって最もたいせつなものは何だろう」って聞きました。いま考えてみて、自分にとって、最もたいせつなものは何だと思う。もちろん「いのち」もたいせつなんだよね。でも、自由に生きていくということがなければ、「いのち」はあってもないに等しいかもしれないね。人から自由が奪われた時に、はじめて「自由の貴さ」が分かるのかもしれないね。

＊　＊　＊

この授業は視聴覚室で、１５０人近くの学生の参観するなかで66分間行われた。授業を終えても子どもたちはしばらく席を立たなかった。しかし、思いを決めて教室に移動すべく席を立った子どもたちは、私に一人ずつ「ありがとうございました」と小さい声で挨拶していった。私も「どうもありがとう」とこたえて見送った。

数日後、子どもたちの感想が届けられた。次のような言葉があちこちにあって、私は授業を受けた子どもたちの内面に生まれた気持ちをしっかりと受け止めた。

○ぼくは最初草野さんを写真で見たとき、モンタージュによくにていたので、とてもこわかった。だけど、草野さんは、一番の被害者なのに、そんなことを思って悪いと思った。
○もし、今、犯人がつかまっても、草野さんの肉体に、精神に出来たきずは、消えないのではないでしょうか。
○釈放されて、父に会った時の喜び、自由になった時の喜び、忘れないだろう。だが、忘れさせたのは、世間の冷たい目である。
○もし、あのまま草野さんが無実でなかったら、どうなるのでしょう。私がもし、草野さんと同じことだったら、めちゃくちゃに狂ってしまうと思います。こんな人たちもいたなんて、私の幸せを半分に分けてやりたい。
○人権にきずがつくと、なかなかたちなおれません。もしかしたら死と同じくらいのショックかもしれません。

また、学生のレポートでは、子どもたちの状況が次のようにとらえられていた。

○授業の上での「静か」ということが、どういうことか具体的にわかりました。授業中、子どもたちの心の動く音までが聞こえてくる気がすることです。ささやくような声が、広い教室の隅々まで聞こえてくることです。思わずもらすため息に、子どもたちの張りつめた気持ちが伺われます。一生懸命考えている時の目は、とても安定していて、内面にこめられた力に満ちているようでした。

○意見を言わなかった子どもの口もとが、かすかに動いていた。言葉にならない言葉で、教師に話しかけていた。ありきたりの答えのようでも、それらの一つ一つが、生活と密着していた。一言一言を、大事そうに、重たいものを台の上にのせるときのような慎重さで話していた。

＊　＊　＊

あれから毎年のこと、12月が訪れると、週刊誌は決まって3億円事件に関わる記事を書いてきた。テレビもそのことにふれる番組をつくってきた。それに接すると、私には草野さんのその後が気になってしかたなかった。

20年が経って、草野光子さんの「3億円事件報道に巻き込まれて」が『朝日ジャーナル』

（昭和63年7月8日号）に掲載された。それによると、信弘さんは犯罪者扱いしつづける週刊誌の記事によって平静が保てなくなり、病室と家とを往復する生活を余儀なくされてきていた。このままでは家族が共倒れになると考えた光子さんは離婚を決意し、3人の子を引き取って子どもたちの身を守ってきていた。

離婚時に、父に関して書かれた100件の切り抜き記事を見せられた長男は、「これだけ書かれたら、お父さんがああいう状態になるのも当然だなあ」とつぶやいた。次男は膨れっ面をしてみせ、娘は黙って泣いていたという。

光子さんは、数年前から新たに果敢な行動を起こしていた。それは、家族の戸籍と住民票を第三者に閲覧させないように町役場に申し入れること、マスコミ各社に誤認逮捕当時の写真などを同意なしに売買や貸与をしないこと、新聞の縮刷版から誤逮捕当時のプライバシーに関する部分を削除させることなどであった。この週刊誌のレポートのなかでも、光子さんは信弘さんの名を伏せ「Aさん」として語っていた。

教師を目指す学生に基本的な人権のたいせつさやメディアの危なさについて考えさせたい。私はそう思って、毎年この教材で学生に授業をしつづけてきていたのだが、光子さんの切なる思いを知ると、当時の新聞記事を見せての授業は謹んだほうがいいのかもしれない。そのように思えて、この教材の授業はしないことに決めた。

＊＊＊

それから今日まで、さらに20年が経過した。私はその後も3億円事件についての報道があると気になって目を通したし、書物が出版されると読んだりしてきた。しかし、関心が少しずつうすれてきていることは否めなかった。

平成20年12月5日であった。会合を終えて東京から帰る電車で中吊り広告を見ていると、『週刊新潮』（12月18日号）の広告があって、「『3億円事件』で誤認逮捕『モンタージュ写真の男』は今年9月に自殺した！」という見出しが目に入った。これは草野さんの自殺についての記事だと直感して、私はさっそく駅で買い求めた。

草野信弘さんは沖縄の民宿で自殺を図り、この世をすでに去っていた。

光子さんが『朝日ジャーナル』に執筆した後に起きた出来事も、そこには書かれていた。光子さんはあの記事を書いた直後にくも膜下出血で逝去し、長女はその後交通事故で右半身不随になってしまっていた。信弘さんは8年前から一人放浪の旅に出た。子どもにはその行方は知らされることはなく、結末は自殺してから一月後に警察より知らされた。

記事は「遺骨は元妻の故郷・北海道の墓に、元妻と一緒に納められた。誤認逮捕が人生を狂わせた。その呪縛から、生涯、逃れることはできなかったのである」と締めくくっていた。

私は、筆舌に尽くしがたいこの悲劇について、心ある若者に伝えていく責任がある。草野さんの名誉のために授業をしていきたいと思った。そして、12月の半ば、久しぶりに学生に授業を行った。

学生は次のように感想を書き綴った。

○私はこの事件と、それに関わる出来事に出会ってしまいました。そうである以上、私も自分なりに見つめなければならないように感じました。
○犯人は、最初は3億円を盗んだだけでありましたが、そのことによって人の人生までも盗んでしまったのだと強く感じました。私の胸も苦しくなりました。
○もし、私が草野さんだったら、今年まで生きられたのだろうか。もっと早く、人生に終止符を打ったかもしれない。
○今日の授業は、なんだか心が暗くなった。もし私が草野さんだったらと思うと、心が折れてしまう。
○草野さんが何もやっていないとわかっても、まだ追い続けて、そんなに草野さんを追い詰めて何をしたのか私には理解出来ません。今日考えたことを忘れずに生きたい。

誤認逮捕や冤罪は、その後も起きている。平成21年5月からは裁判員制度が始まり、私たちは一生に一度は裁判員として人を裁く立場に身を置くことになった。

◇この授業記録は、拙書『社会科の授業をつくる』（明治図書）に収録されている。

子どもたちは教師の「相棒」である

「特命係」の二人はどのように事件を解明していくか、シリーズドラマ「相棒」（テレビ朝日）を私はとても楽しみにしている。

「特命係」の一人、キャリアの杉下右京警部は聡明な頭脳をもち、他のどの警部よりも鼻が利く。事件とは関係がないと思われるような〝痕跡〟に目をやり、耳にした何げない言葉のなかから事件の解明につながる糸口を嗅ぎとっていく。もう一人、巡査部長である亀山薫（平成20年当時）はフットワークに長けている。杉下警部にぴったりくっついて捜査の現場に立つ。二人は表となったり裏となったりして、捜査をきわめる「相棒」である。

私たちが何か事を行うとき、誰かとチームを組むことが多い。それが商売であってもスポーツであっても、相手と呼吸が合わないと思うように事ははこばない。漫才師の場合、その相手は「相方」と呼ばれる。間をどう取るか話題をどうずらすか、「相方」と呼吸のあった漫才は私たちをケラケラ笑わせる。

「相棒」という言葉の成り立ちはおもしろい。「互いに」とか「ともに」という意味の《相》が、木の《棒》とくっついているからである。その由来をたどると、江戸時代の駕籠《かご》職人や畚《もっこ》職人にゆきつく。彼らは棒の端と端を担いで、人や土砂や農作物を上手に運んだ。相手に負担がかかることのないようにおもんばかって慎重に事を遂行した。

たまたま棒を担ぐことになった最初のころ、二人は呼吸を合わせることがなかなかできなかった。ちょっとしたズレで失態を演じることがしばしばあった。やがて《心の歩調》が整ってきて、「相棒」と呼び合う間柄になっていった。

＊＊＊

平成20年、日本生まれの学者4名がノーベル賞を受賞した。南部陽一郎さん、益川敏英さん、小林誠さんがノーベル物理学賞、そして下村脩さんがノーベル化学賞である。ノーベル賞受賞に接してつくづく思うのは、一人ではとうてい成しえないであろう偉業も、気心の知れた「相棒」と取り組むならば、いつか成し遂げられていくということである。

益川さんと小林さんは、一本の棒の両端を担ぎ合って研究を重ねた。益川さんは理論を組み立て、その理論を小林さんは厳しく検証する。二つの知性はそれぞれの役割をしっかり担って、素粒子の世界の解明にあたった。

下村さんの場合、研究の「相棒」は妻であり二人の子どもであり、またアシスタントの人びとであった。バンクーバーにはその上を歩けば「海の上を歩ける」というほど、大量のクラゲが生息している。30個ほどのバケツを5メートル間隔で桟橋に並べ、流れてくるクラゲを柄の長いネットで1匹ずつ掬ってはバケツに入れる。

そういう作業を「相棒」たちとしていると、通りかかった人たちは「何を捕ってるんですか？　何に使うんですか？」と興味深そうに話しかけてきた。「研究用です」と答えても、「どういうふうに料理するの？」「生で食べるの？」と聞き返された。「1日3000匹、十数年かけて85万匹」という気の遠くなるような数のオワンクラゲはこうして採取され、緑色蛍光たんぱく質の発見を背後で支えることになった。

「どうして、こんなに美しい色が出るんだろう」という素朴な疑問から始まったクラゲの研究だが、その成果は今では医学や生物学の実験に応用されている。また、アルツハイマーやがん治療の研究に飛躍的な発展をもたらしてもいる。

＊＊＊

教師は子どもたちと授業を行う。そのとき、「子どもたちという存在」をどう認識して対しているだろうか。お前たちは何も知らないから、ひとつ教えてやろう。そのように子どもを見下して臨む教師は少なくないであろう。より深く考えさせるために欠かせない「吟味」という教授行為を的確に行うことのできない教師も多い。

30年以上も前のことである。私は小松田克彦さんの学級で授業する機会を得たが、そのとき「教師と取っ組み合う授業」を切望する子どもたちと出会い、身が引き締まった。

その授業は、狼に育てられたアマラとカマラのスライドを見ながら、人間って何だろうと考えるものであった。8歳の子どもたち（小学2年生）には、この教材は難しすぎるかもしれない。そう思って授業に臨んだのだが、小松田さんが育ててきた子どもたちは65分の長い時間、私の問いかけを真摯に受け止め、友達の意見に耳を傾けながら考えつづけた。

そして授業後には、60分近くもかけて感想を書き綴った。そのなかには「今日は65分もべん強をとくべつやったけど、もっともっとやりたかったです。『今日、学校へきてこんないいことをしたよ。』と家ぞくの人に教えてあげようと思います」という感想がある。「こんどきたとき、じゆうに、むずかしいもんだいをやってね、それでもかったら、またやってね。わたし先生がおわりにしますといったとき、10分しかまだたってないと思って、つまんないなーといってしまいました」と述べる子どももいる。

子どもが述べているのは、知らなかった知識を教えてもらったことのお礼ではない。大きな謎と向き合って考え合ったことの爽快さであり、「すがすがしい〝対戦〟をまたしたい」という強い願望である。「よく遠くまで歩いてきたな」と、そのことが誇らしく感じられて、「また未踏の世界を歩いてみたい」と率直に思う。そういう子どもたちとの授業での出会いであった。

＊＊＊

小松田学級で授業をしてからのことであっただろう、私にとって「子どもたちという存在」は「知識を伝え教えるべき存在」ではなくなった。「難題をともに追究すること」を願って授業に臨む、頼もしい「相棒」と思わずにはいられなくなっていた。

私がいま授業で何よりも心を砕いているのは、「相棒」の気運を高めることである。そして、

「相棒」の足取りに気を配って《心の歩調》をととのえ、目指す地点に向かって授業を運ぶ。道中では必ず、分かれ道にぶち当たるように事を進める。そして、岐路にさしかかったならば、どちらの道を選択したらいいか「相棒」の胸中を推し測る。

そのように心がけて授業に臨むのだが、授業が気だるくなることがある。「相棒」たちと呼吸がズレてしまったり、そもそも私の教材解釈が甘かったり、私の道案内が適切でなかったりしたときである。そのかったるさは、棒の片方を担ぐ「相棒」たちも感じているからつらくなる。

授業を終えて爽快さを味わうとすがすがしい顔つきで見合うのだが、うまく授業が運ばなかったときには、気だるさを感じ合って思わず顔を見合わせてしまう。それが「相棒」というものである。

「学ぶ」って「食べる」ことだ

「学ぶ」ってどういうことだろう。別の動詞に置き換えてみよう――。「教育方法」の授業のはじめに、そう問いかけると「覚える・分かる・考える・習う・勉強する」といった動詞が挙げられる。これまで受けてきた授業をふりかえると、おおかたの学生には「教える」は「一定の知識や技術を伝えること」で、「学ぶ」は「伝えられた知識や技術を覚えること」と言い換えられるようだ。

しかし、林竹二さんは「学ぶということは、覚え込むこととは全くちがったことだ。学ぶとは、いつでも、何かがはじまることで、終わることのない過程に一歩ふみこむことである」と指摘する（『教えるということ』国土社）。

宮城教育大学の学長であった当時、林さんは全国の小中高校等に出向いて「人間について」などをテーマに授業を行った。そして、子どもが書き記す感想をふまえて「学ぶ・教える」世界の深みを見つめた。

例えば、「私は勉強していてどこでおわるのか心配になってきたほどだ。私は一つのことをもっともっとと、深くなっていく考えかたがこんなにたのしいものかとびっくりした」（5年生）といった感想が書き記される。「学び」の扉がひらかれて、どこに終着点があるか予想のできない道を歩みつづけたそのとき、内面に生じていたとまどいと弾むこころが、この感想にはういういしく書かれている。

上田薫さんは戦後間もないころから、静岡市立安東小学校を拠点にして、新しい社会科授業の創造に力を注いできた。その著書『人間の生きている授業』（黎明書房）には、「学ぶということは、人と同じになることではない。より深く人と異なることなのである」と書かれている。「学ぶ」とは、教科書に書かれていることや説明されたことを正確に覚え、誰彼と同じ回答ができるように努めるような味気ない作業をいうのではない。

＊＊＊

学生は大学生となるまで、数限りない回数の授業を受けてきた。そのなかには、今でもありありと思い起こすことのできる授業が一つや二つはある。教師を目ざす端緒となった授業もあるにちがいない。

「忘れ去れない授業」というのは、忘れ去った他の多くの授業と、どこがどう違っていたのだろう。その教室にはいつもと違う《うねり》が起き、その《うねり》は一人ひとりの子どもの内面にも押し寄せ、ふだんとは異なる《空気》が教室をつつみこんでいたにちがいない。どうして、その教室に《うねり》が押し寄せることになったか。《うねり》の渦中に身をおいて、そのとき何を感じていたか――。地引き網で魚をたぐり寄せるように、学生の内奥に沈んでいる「そのとき」をたぐり寄せるならば、授業の実相に迫ることができる。

私はそう考えて、「学ぶ」からつながりひろがる動詞を挙げさせ、イメージマップをつくらせる。すると、学生のノートに書かれる動詞は、4月当初の出来合いのものから内面をまさぐってかき集められた動詞へと変わっている。

一見すると、どうしてそれが「学ぶ」につながるのか、ふつうならば結びつくはずがないであろう動詞も挙げられている。ある年、机間巡視をしていると、「学ぶ」から矢印が「まあるくなる」につなげられていて、思わず笑みがこぼれた。「学んでいる」という実感につつまれると、風船がふくらんでいくように、私自身もまあるくなっていく。そのような感覚を味わったことがあるからだ。

＊　＊　＊

今年は「学ぶ→食べる」とつなげた学生がいて、教室はざわめいた。「何かを学んでいるときは、おいしい料理を食べるときと似ている感じがするからだ」と、学生Aはその理由を述べた。

授業後に書かれた感想を読むと、この指摘に触発されたものがいくつもあった。例えば学生Bは、小学時代を思い起こして、次のように書き記す。

『学ぶ』とは『食べる』。その通りだと私も思います。私は小学4年生の時、給食が楽しみなのと同じくらい、算数の授業が楽しみで学校へ行っていました。当時、計算が好きだった私は給食に負けないくらい算数を食べて、力をもっともっとつけたかったのかもしれません。ご飯を食べることの喜びと同じくらい、私は算数を食べることの喜びを味わっていたのだと思います」

辞書によれば、「食べる」とは「固形の食べ物をかんで飲み込む」ことであるが、学生Bは給食と同じくらい「算数を食べる」ことが楽しみで、学校に通っていた。そういう子どもであったことに気づかされている。掛け算とか分数の割り算といった、それまで食したことのない「数の世界」をかみ砕き、よくこなれたら飲み込んで、自分の力として蓄える。何かを学んでいるとき、私たちは食べるときと似たような知的ないとなみをしているようだ。

学生Cは述べる。「学ぶということについて、『食べる』と答えた人がいました。これは私にはない発想で驚きました。子どもは食べ物も知識もモグモグと食べて、すべてを吸収して成長していくのだなと改めて感じました。そんな知識をおいしく料理して、子どもたちの前に出せる教師になりたいと思いました」

子どもは授業のなかで、新しい知識をモグモグモグモグ食べ、その栄養分をたっぷりと摂取して、人間としての成長を遂げていく。そうであるならば、教師には、食指が動いてむずむずするような料理（授業）をつくる責任があると考えるのであった。

ところで、《「学ぶ→食べる」では弱い。「学ぶ→むさぼる」だ》と主張する学生Dもいた。「1つだけ後から思い浮かんだのが、学ぶについて『むさぼる』です。『食べる』と考えは近いのですが、『食べる』よりも『むさぼる』の方が、よりがっついていると思います。『食べる』だと優しいイメージですが、『むさぼる』だと、好きなことや新しいことには、もっと貪欲な感じがして、学ぶに近いと思いました」

私たちは腹が減ってしかたのないとき、食べられるものがあれば何でも口にする。いつもなら食べ残すような部分まで、がつがつぱくついて、むさぼり食って空腹感を取り除く。

それと同じように、「学ぶ」は納得ゆくまで知り尽くしたいと思って、その対象に食らいつく「貪欲さ」をはらんでいる。であるならば、好きな教科の授業の場合はもちろんだが、難しくて付いていけない授業や興味のそそられない授業の場合にも、よくかみ砕いて飲み込もうと努める。そういう心構えが欠かせないということであろう。

＊　＊　＊

大学に入学してから実際に体験した次のようなことを紹介して、「学ぶ→食べる」を補強する学生Eもいる。

「私は、大学に入学してしばらくするまで、なすびが食べられなかった。食わず嫌いだったのかもしれない。でも、嫌いだと思うから、自分から手を伸ばすこともなかった。食べなさいと言われても、決して口にはしなかった。しかし、私がなすび嫌いなことを知らない先輩が、なすびを使った手料理をごちそうしてくれた。『なすびは嫌い』と言うことができず、恐る恐る口にしたことをきっかけに、私はなすび嫌いを克服した。自分の中の大きな変化だった。

これは、勉強にも当てはまる。イヤイヤ食べたっておいしくない。つまりは、イヤイヤ勉強したって学べないし、イヤイヤ教壇に立ったって教えることはできないのだと思った。自分の中の『イヤだな』という気持ちを打ち破ることで、新しい味に出会える。どうせ食べるならおいしく食べたいし、また食べたいなと思いたい。勉強だって同じだと感じた」

以上、4名の感想を紹介した。こうしてみると、「学ぶ→食べる」という一つの連想が学生のからだの中を駆け巡り、「学ぶ」という鉱脈を掘り起こすきっかけになったことが知られる。

書店に並ぶ教育書には、「学ぶ」や「学習」について学問的な説明がされている。それらの説明をよく読んで、理解に努めることは必要である。しかし、「子どもが深く学ぶ授業」をつくろうと努める身になったとき、教師を内面で支えることになるのは何であろうか。私には、自身のからだとこころに刻まれた記憶をたぐり寄せてつかんだ《実感をふまえた認識》、つまり、例えば「学ぶ→食べる」や「学ぶ→まあるくなる」ではないかと思われる。

学ぶというのは、胸さわぎがすること

鳩山由紀夫総理大臣は、政治に対する国民の信頼が自身の発する言葉で損なわれたことなどを理由に、その座を退くことにした(平成22年6月2日)。

朝日新聞「天声人語」は、鳩山さんが「新党さきがけ」の代表幹事であったころに、中曽根康弘元総理が呈した苦言を取り上げた。それは「政治は、美しいとか、キラリと光るとか、形容詞でやるのでなく、動詞でやるものだ」である。

同コラムは次のようにつづく。「鳩山さんは、『行動の前に哲学的な形容詞を大事にするべきではないか』と反論していた。たしかに、形容詞を欠く政治はやせ細った代物だろう。とはいえ動詞なき政治は絵に描いた餅にすぎない。中曽根さんの指摘は、この日を見通していたようでもある。(中略)甘い言葉よりも簡潔でゆるぎない『動詞』がほしい」

私は鶴見俊輔さんの次のような指摘を思い出す。「形容詞をたくさん使うと、その形容詞が紋切型になりやすいのです。(中略)紋切型から離れるためには形容詞を惜しんで、数少なく使う。動詞を主に使って書く。動詞を重んじるやり方が健全なんです」(『文章心得帖』潮出版社)。

鶴見さんは「名詞もくせもの」だと指摘もする。なぜなら、名詞にはヨーロッパ語を漢語に置きかえたものが多く、「名詞を使うことで、われわれの日常の感覚から別のところへいってしまう」ことがこわいからである。たしかに、鳩山さんの掲げた「友愛」や「コンクリートから人へ」「最低でも県外」といったコピーは、私たちの心をとらえて期待が高まった。しかし、その理念や志は政治の現実をうごかすにはまぶしすぎてくずおれた。

教育も政治と同じで、「美しいとか、キラリと光るとか」といった形容詞を用いて、着飾って行うものではない。紋切型の甘い形容詞が随所に散りばめられた実践報告は読むに耐えない。そのとき何をしたのか、何をしなかったのか。それはどのように考えたからなのか。自身のしたこと・しなかったこと・心をよぎったことについて、またその同じときに感じ取った子どもの表情や教室にただよっていた空気などを「簡潔でゆるぎない動詞」を使って語る。授業は子どもの現実をつきうごかす動詞を積み重ねて行うものである。

＊＊＊

「教育方法」の私の授業では、その初回に、学生は「授業」という言葉から思い起こす動詞を5つ書く。そして5回の授業を経た一月後には、「学ぶ」から縦横に広がる「動詞のイメージマップ」をつくる。

なぜ、名詞ではなく動詞のイメージマップなのか。「学ぶ」から「記憶、発見、葛藤、感動、追究」といった抽象的な名詞をどれほど列挙しても、その作業をとおして「学びの世界」を究めることは難しい。「そのときの教室の空気」を鳥の眼で俯瞰し、また、「そのとき自身の内面に生じていたこと」を虫の眼で凝視して動詞を探り出す。この作業を介してはじめて、「日常の感覚」でとらえた「学びの世界」の追究が可能となる。そのように考えるからである。巡視していると、目の覚めるような動詞も目に飛び込んでくる。私は周りに波紋がひろがることも期待して、その動詞で表されている《うごき》が生じる直前の《うごめき》、あるいはその直後に起きたであろう様ざまな《うごめき》を拾い集めるように促した。

そのときをありありと思い起こさせる動詞は、どうしたら探し出せるだろう。それは探し手の語彙量で決まるのではない。内面に湧き上がっていた《うごき》にぴったりの言葉を、誰もが思い当たる「ふつうの言葉」の中から選び出す。その感覚の鋭敏さで決まるといっていい。

個別のそしてグループでのマップづくりを終えると、全員でマップづくりをする。自分のマップから選りすぐった動詞が挙げられ、また、ボードに書かれた仲間の動詞に触発されてひろがった動詞も挙げられていく。

「そわそわする」という動詞が挙げられた。「そわそわする」とは「気になることがあって、落ち着かなくなるさま」を言う。「どうして、学んでいるときにそわそわするの？　日常生活でそわそわするのはどういうとき？」と私は問い返し、「好きな人と待ち合わせた時間が近づいてくると、そわそわするよね。学ぶってそれと同じような気持ちになるのかな？」と言って、「そわそわ」してくる《学びの時間》に迫らせた。

すると、「おろおろする・とまどう・ぞくぞくする・むかむかする・ムキになる・答えがほしくなる・すっきりする」といった動詞が立てつづけに挙げられてきた。いずれも、私にも身に覚えのあるものである。

――これらの動詞は、もしひとくくりにするならば、「胸さわぎがする」ということかもしれないですね。次の瞬間、どのような事態が眼前に現れるか、そう思うと胸中がさわがしくなる。そんなときの私たちの「こころのゆれうごき」がありありと見えてくるようです。そして、当たり前のことですが、同じとき教師もまた胸さわぎを覚えてそわそわしているのです。胸さわぎが子どもにも教師にも起こる授業を展開しないかぎり、教室は気だるく沈滞していきます。

このように私は言葉を継いで、「学ぶ」からひろがる動詞のイメージマップづくりをいちおう終えた。

＊　＊　＊

学生の感想のなかから4つを挙げる。

○自分の意見を言いたい、反論したいと思ったときに〝そわそわ〟する。自分の中で出た考えや答えを他の人にぶつけたいと思うからである。そんなとき落ち着いてなどいられない。姿勢を良くして、手をひざになど置いていられなくなる。その間は胸がどきどきして、体中が熱くなる。早く発言しなくては、私の中で思いが弾けてしまいそうになる。

○何かが起こる予感！「胸さわぎがする」ということから、入学式当日の朝の、あのなんとも言えない不思議な高揚感を思い出しました。緊張と不安と期待がごちゃまぜになっているけど、どこかで心地よい。そういう体験をしてきているはずなのに、いざ言葉にしようとすると、かたい言葉しか出てこない自分に気がつきました。

論文を書くなら、専門用語を使い端的に表現することも必要でしょうが、自分の言葉で表現するというのは、少し恥ずかしい気持ちがあったりして、使い慣れていないのでなかなか出てこないなと思います。「学ぶ」の正体を一生追い続け、子どもに伝えていくことも、教員の幸せな仕事の一部だと思います。

○イメージマップで最後に「胸さわぎがする」と出てきましたが、私の今まで学んだ経験の中に「ドキドキ」や「そわそわ」はあったかもしれませんが、その向こう側の「胸さわぎがする」までは行ったことがありませんでした。むしろ、今日初めて胸さわぎを起こしたのかもしれません。私は、この「学び」という出発点から「胸さわぎ」という目的地への旅に出たいと思います。

○およそ一ヶ月前の自分とは全くちがった。あのときは3つあげるのが精一杯で、正直言って、ただの奇麗ごとでしかなかった。けれど今はちがう。自分が小学生のとき、どのような体験がしたかったのか、そしてこれから先、児童にどのように体で感じてもらいたいのかがハッキリしている。あっという間にたくさんの動詞がリンクし合うイメージマップが出来たのを見て、この授業で感じてきた苦しみや葛藤は無駄ではなかったのだと実感して嬉しくなった。

＊＊＊

内田樹さんは「学ぶ力」とは「先駆的に知る力」で、「先駆性」というのは「これから何が起こるのかわからないのだが、先駆的にわかる」ことで、「後から見るとそれから起こることを先取りしていたように見えるという事後的印象」だと指摘する（『日本辺境論』新潮新書・引用文中の傍点は内田樹）

授業のなかで子どもが感じる「そわそわする」感覚は、その「先駆性」を直感して、からだが思わずうごめいてしまう感覚の一つであるように私には思える。「日本人の『学ぶ力』（それが『学力』ということの本義ですが）が劣化し続けているのは、『先駆的に知る力』を開発することの重要性を私たちが久しく閑却したからです」と述べて、内田さんは近年の教育の状況を憂える。

大人が大人から逃げるな。大人が逃げたら、子どもは育ちゃあしない。

テレビや舞台で悪役を演じる八名信夫さんは、今から16年前（平成9年）、警視庁に〝出頭〟するように要請されて、神妙に階段を上っていった。部屋には制服をまとった面々がずらりと並んでいる。

しかし、「八名さん、お願いがあります」と思いも寄らぬ話が切り出されてきた。それは次のような懇請である。「中学生がバタフライナイフで教師を刺し殺しました。親友を刺し殺しました。こんなことが全国の子どもたちに広まったら、大変な日本になってしまいます。どこかで、阻止をしなければなりません。なんとか力を貸していただけないでしょうか」

「八名さんのポスターとメッセージがほしい」というその切願に対して、「ちょっと待ってください。僕より長嶋さんとか王さんとか、プロ野球の監督に頼んだらどうでしょうか。そっちのほうが人気があるし、説得力もありますよ」と申し述べると、「いや、今、子どもたちに必要なのは《怖い顔》です」と明言された。

こうして、八名さんのポスターが全国の学校の掲示板に貼り出されることになった。「俺は悲しい　若者よ本当の勇気を語り合おう」と語りかける、八名さんの憂いに満ちた《怖い顔》

がにらんでいる。上方には「刃物など持つな！」と大きく書かれ、下方には「学校に刃物なんか要らない。そんなことより、いいか！　相手を思いやる気持ちが大事なんだ」と、子どもたちへのメッセージが刷り込まれたポスターである。

ある思いを届けようとするとき、私たちには長々としゃべる〝習癖〟がある。しかし、しゃべればしゃべるほど説教じみた話になってしまって、届けたい思いがきちんと受け止められたかどうか、心もとないことがある。その点、八名さんのキャッチコピーには、《直球をど真ん中に投げ込むような気迫》が感じられる。

きっぱりと端的に言い切って、余計なことは言わない。そのほうが、伝え手の思いが届く。中学生には、もしかすると八名信夫さんのあの《怖い顔》よりも、この《切れのある言葉》のほうが身に堪えたかもしれない。

＊＊＊

八名さんの講演「子どもの教育」（『ロータリーの友』平成19年11月号）を読んでいると、「他人の子を叱っていこう。／大人が大人を逃げるな。／大人が逃げたら、子どもは育ちゃあしない。／逃げるな、大人を！」という一文があって、私は思わず息を飲んだ。

子どもの犯す罪行が毎日のように報道されている。腑抜けた青少年を見かけてうんざりすることも多くなった。子どもの〝精神の背骨〟が、クラゲのようにふにゃふにゃになってしまっているのは、きっと、八名さんの指摘するように、《大人》を逃げた大人たちに囲まれて子どもが育っているからなのだ。

いつの時代も、大人は《大人》として子どもに向き合わなければならない。《大人》を大人が逃げてしまったならば、子どもは育つことができない。このままだと、世のなかは未熟さを感じさせる大人たちばかりになって、ゆるみっぱなしになっていくだろう。

＊＊＊

教師は教師を逃げるな——子どもは誰でも勉強したがっている。

「社会科指導法」の第5回、ホワイトボードにこのように書いて、私は授業を始めた。教師を志す学生に投げ込んだ《ど真ん中の直球》である。

しかし、この思いを受け止めるためには、教師とは何をする人かが理解されていなくてはならない。私は『授業入門』に書かれた斎藤喜博さんの言葉を紹介して、教師とは「子どものなかにあるよい可能性をつかみとり、引っぱり出してやる」人であること、その仕事は、譬えて言えば「地下に眠っている石炭を地上に掘り出し、火をつけて燃やす」仕事で、教師には「子どものなかにないものまでも創り出してやること」も求められていると伝えた。

「奥にしまい込まれている可能性」に教師が気づいてそれを表に引き出す授業をしてくれなければ、子どもは困ってしまう。教師が《教師》を逃げてお茶を濁した授業を繰り返していては、子どもは育ちようがない。腑抜けてしまった責任を子ども側に転嫁されては、なお困る。

子どもは誰もが勉強したがっていて、知的な興奮につつまれる毎日を過ごしたいと願っている。子どものその願望の強さを伝えるとともに、子どもの持つ測り知れない可能性について、いくつも事例を挙げながら私は語っていった。

授業後に書かれた感想を読むと、「教師は教師を逃げるな。とても重く、教師を目指す私にとって突き刺さるような言葉であった」と書き出す学生がいた。また、「『教師は教師を逃げるな』という言葉を聞いて、正直ドキッとした。それは教育実習で逃げてしまったからだと思う」と述懐して、「教師を逃げたそのときのこと」について、次のように伝える学生もいた。

「授業実習で授業をした時、私は、あきらかに自分の言っていることがわかっていない子どもがいたのに気づいていた。だが、授業を無事に終わらせるのに、その子どもに分からせようとすれば時間がかかり、終わらせられないと思い、子どもの可能性を信じなかった。そのことが今日の授業中、ずっと頭から離れなかった。子どものためでなく、自分のために授業をしてしまったのだと、とても反省させられた」

思い出すのもつらいこのような体験を書き綴るのは気が滅入る。記憶の底に葬って、無かったことにしたいと思う。しかし、この学生は《教師を逃げたそのときの自分》を自省する率直さを持ちつづけていた。

＊＊＊

学生のなかには、《教師》を逃げることなく一人の子どもと向き合ったことを報告するものもいた。算数の時間であった。習熟を図る練習問題を出したところ、Aちゃんはそれに手を出すことができずにいた。学生はその座席に行って解き方を説明して、数問いっしょに考えた。そして「この問題、一人で解けたらバッチリだね」と言い残して、ほかの子どもの机間指導に移った。その後、教卓に戻って全員で答え合わせをしようとしたそのときに、Aちゃんが教卓に走り寄って来た。

「いつもはおとなしく、授業中にほとんど発言もしないAちゃん。でも、『できた!』ということを表現して伝えたかったのだと思うと、私の目頭もあつくなった。Aちゃんをギュっと抱きしめてあげると、うれしそうに『次はどれをやればいい?』と聞いてきた。私はこのことを忘れることはできない。一人ひとりの可能性を信じること。そして教師として子どもたちの可能性を引き出すことを常に考えられる教師に、私はなりたい」

教師は《教師》を逃げてはならない。「この程度でいい。これ以上は無理だ。できるはずがない」と勝手な判断を下して、「いま伸び出ようとしている子どもの可能性の芽」を圧しとどめてはならない。《教師》というのは、地下に眠っている良質の石炭をだいじに地上に掘り出し、それに火をつけて燃やすような職人なのだから。

「若い故の失敗」に目をつむる人、「若い故の情熱」に心をふるわせる人

中央教育審議会は、「教員養成の修士レベル化」に向かって精力的に検討を進め、教員養成の新たな「工程表」の策定に努めた。

教員の資質・能力の向上は、教員が大学卒業で採用される現行の制度を改めなければ成しえない。大卒者にはいちおう「基礎免許状」を授与するが、教員として採用される前かその直後に大学院の修士課程で「一般免許状」を取得することを義務づけ、幼稚園から高校までの教員すべてに「修士レベルの学歴」を備えさせる。そうなったときに日本の教育の質は向上し、学校がかかえる種々の問題は解決に向かう。——大雑把に要約することが許されれば、このように考えての制度改革である。

＊＊＊

千葉経済学園の催した免許更新講習「社会科と総合学習の指導法」の折、私は受講者（幼稚園から高校までの47名）に無記名のアンケート調査を行った。質問事項は9項目にわたったが、そのなかに次の3項目を入れ、「教員養成の修士レベル化」を現役の教師はどう思っているか、その率直な思いを聞くことにした。

（A）あなたに高校生のお子さんがいて、「6年間、大学院まで通っても教師になりたい」と言ったら、親として勧めますか。

（B）大学院修士課程を修了した教師と学士課程卒業の教師には、どのような差があると考えますか。

（C）短期大学（2年間）での教員養成は幼稚園教諭の養成もふくめて短すぎるので、認めるべきではないという主張があります。そう思いますか。

このうちの（B）の問いかけに対しては、次のような記載があった。

○以前、理科の修士の方とご一緒しましたが、知識はありましたが、教師の力量とは全く関係ないと思います。まずは、人をひきつける魅力が教師としての力だからです。（中学教師）

○学校しか知らず、学校にしか適応できない人間は、絶対によい教師にはなれない。（高校教師）

○私自身、「専門性の高い教師を養成する」ことを看板にした修士課程を修了した者ですが、どのような差もない。その人の人間性が、どのような教師になるかを決めると考えます。（高校教師）

○少し優越感にひたれる、それだけ。（小学校教師）

○修士課程を免許取得の条件とするのは、むしろ優秀な人材をのがす原因となるので、絶対にやめるべきである。（高校教師）

中教審の「教員の資質向上特別部会・基本制度ワーキンググループ」の議論報告を読むと、そこにはこのような指摘を見ることはできない。「教育は国家百年の計」と言われるのだが、この制度改革はほんとうに日本の教育をよくすることになるのだろうか。

（C）の質問に対する回答は、「短大での2年間の養成は短すぎる」が9名、36名は「そうは思わない」、「よく分からない」が2名であった。「私は短大出身だが、大卒の先生と同じように仕事ができている」「2年間で先生になった人をたくさん知っているが、問題ない」といった指摘がある。この講習を受講した短大卒の教員は6名であったので、短大卒の教師のいることで清新な空気が流れていると感じ取れる学校は、けっして少なくないようだ。

回答を読んでいると、「年齢が若い故の失敗と若い故の情熱というのは五分五分か、情熱のほうが勝ると考える」という指摘があって目が止まった。教育についての理解や技術を比べれば、短大卒の教師は修士課程修了者や大学卒業者にとうてい及ばないし、そうでなければ困る。短大卒の教師はとまどいながら、つまずきながら教師生活をはじめるものである。

しかし、この回答者は考えた。――「年齢が若い故に起こる失敗」と「若い故にほとばしる情熱」のどちらを重く考えたらいいか、それは五分五分かもしれないが、もしかすると、未熟な教師の重ねる「失敗」に眉をしかめるよりは、若い教師の「情熱」がかもしだす一つひとつに心をふるわせるほうがいいかもしれない。このように指摘するのである。

＊　＊　＊

医師の徳永進さんと浜田晋さんが、詩人の谷川俊太郎さんを迎えて「すすむ＆すすむフォーラム――病いと癒しの文化1」を催した。テーマは「医療の中のたった一言」である（『医療と言葉』ゆみる出版）。

3名のトークに耳を傾けた参加者は、心にもたげてきた思いを休憩時間に書き綴った。看護師になって8年になるAさんは、忘れることのできないあのときの「ひとこと」を次のように披露する。

看護師になりたてホヤホヤであったある日、肺がんで呼吸困難を時折訴えていた女性の患者（Bさん）に採血することになった。Bさんの体は痩せ細っていて血管はとても細く、皮膚はタルタルである。Aさんは健康な太い血管の患者の採血でさえ自信のない新米で、「1回でうまく血管に入りますように」と祈りながら、緊張して採血した。採血は失敗に終わった。

Aさんは書き記す。「私は痛い思いはさせられない、とその患者に『他の上手な人に代わって頂きます』と告げたのですが、患者さんは細い声で『いいよ。あなただったら何度失敗しても、私の血管でよかったら練習して上手になってちょうだい』とニッコリ笑って言ってくれました。

結局、採血は代わって頂きましたが、この患者さんのためにも立派な看護婦さんになろう、あの時の〝ひとこと〟にこたえられる看護婦さんになろう、そう思い、くじけそうな時、あの言葉を思い出しては頑張っています。看護婦として患者さんをはげまし勇気づける立場の私が、いつも患者さんのひとことにはげまされ、勇気づけられている毎日です」

20代に入ったばかりのAさんには、きっと、患者の気持ちをおだやかにつつむような温かさがあふれていたのだろう。そうでなければ、「あなただったら、何度失敗しても、私の血管でよかったら練習して上手になってちょうだい」と言われるはずがない。

とはいえ、Bさんはそのとき痛くて痛くて耐えきれなかったにちがいない。しかし、その痛みを察しながら祈るように注射する看護師の姿を目の当たりにすると、「若さ故の下手さ」を問題にする面持ちは消えていた。「上手に注射できるようになって」と、痩せ細った腕を〝練習台〟として差し出す心境に変わっていたのである。

＊＊＊

教師の世界も変わりがない。たどたどしく進む授業に失望を覚えても、今できる限りのことを一生懸命しようとしている真摯さが伝わってくるならば、「私たちを〝練習台〟にして、授業が上手にできるようになってください」とひそかに声援を送る子どもがいるにちがいない。

ある幼稚園の副園長が話してくれた。短大を卒業したばかりの教師が子どもとうまく関われずにいるので、迎えに来た親に釈明して「すみません」と謝ると、「気にしてませんよ。力をつけていい教師になってくれればいいんですよ」と言われた。また、「新任の先生は一生懸命がんばっているから、その一生懸命さが伝わってくるから、あまり叱らないでください」と言われたこともあるという。

「担任は未熟だ。経験ゆたかな先生に替えてもらいたい」と要望するのではなく、若い教師のこれからに期待をかける親、落ち度が多少あっても、いいところを伸ばして一人前の教師に成長してほしいと願う親である。

教師の資質や力量というのは、子どもと向き合ってしくじったりすれ違ったりして、考え込んだり悩み抜いたりしながら少しずつ磨かれていく。養成期間を長くすれば、立派な教師への道がひらかれるという楽観にひたるよりも、6年間も座学をつづけた後に採用される教師には、次のような危惧はないだろうか。

20歳のころにはみずみずしかった感性が、いつの間にか枯渇してしまってはいないか――。教育についてのことは何でも知っていると思い違いをして、上から目線で子どもに接するようになってはいないか――。

子どもが教師に求めたい資質の根幹にあるのは、斎藤喜博さんのいう「見える」であろう。それは幼稚園の教師はもちろんのこと、小学校以上の教師に対しても変わることはない。養成段階で大事なことは「見える」教師に恵まれて学ぶことであって、年数かけて数多くの科目を履修することではない。

「教える」とは《ひとりだちさせる》ということ

教えること、は、伝えること、ではない。伝える要素ももちろんはいっているけれど、「教える」の《(ママ)》は、伝えるはるか以上に、教える対象の中にひそむ可能性をひっぱりだして育てることであろう。——犬養道子さんはこのように語り出す(「あるアメリカ人医師」『ほんとうの教育者はと問われて』朝日新聞社)。

そして、「教える」とは、学校教育以外の世界においても、とどのつまりは「ひとりだちさせる」ということで、「ひとりだち」が出来るまでには、「自分の頭で考えぬいて、わからなくなって迷って苦しんで、やってみて時に大失敗もしなければならない」。「ほんとうの教師」というのは、そういうときに、「おせっかいの老婆心を出すことなく、いっそ冷たい目でじっと見て、突放《(ママ)》すすべを知る人」を言うのではないだろうかと述べる。

＊ ＊ ＊

スタジオジブリの「借りぐらしのアリエッティ」が公開された。企画・脚本は宮崎駿、プロジューサーは鈴木敏夫、そして、監督は「麻呂」と呼ばれて9年ほどアニメーターを務めてきた米林宏昌(37歳)である。

ドキュメント番組『ジブリ創作のヒミツ——宮崎駿と新人監督　葛藤の400日』（NHKテレビ・平成22年8月10日）は、米林さんが監督としてひとりだちしていく400日を追った。この1年半、すべてが米林さんに任せられた。宮崎さんは絵コンテに目を通さなかったし、「小人と人間との交流」というテーマが「二人の恋の物語」に変更されても、その作品づくりに口を出すことはなかった。自身の立ち位置を次のように見すえていたからである。

「一番責任を負った人間が必死に考えて、『これが良かろう』って所にたどり着くしかないんです。麻呂がどれほどの力を持っているかは、私は知りません。でも、麻呂にすべてを託します。ああしろこうしろと、こまごまと注文をつけるのは、やっぱり『角を矯めて牛を殺す』ことになるんです。だから、それはやっちゃいけないんですよ」

「手を差し伸べることはたやすい。しかし、そうすれば本当の意味で監督になることはできない。それは僕の《節度》ですよ。だから、やらないでいるのはどれほど我慢しなきゃならないか、わかんないですよ。『自分の判断が最終決定だ』っていうのが、監督ですよ。だから、手を出しちゃいけないんですよ」

新作の記者発表会見があったのは前々年の12月、会見場に臨んだのは鈴木プロジューサーで、米林監督の姿はそこになかった。その理由が尋ねられると鈴木さんは眉を細め、語気を強めて言った。「若い監督の場合には、映画が出来るまで外に出しません。基本はそうです。そんな所にチャラチャラ出るんじゃないですよ。それより一枚でも絵を多く描けです」

番組では、監督席で作業する麻呂さんに宮崎さんが近寄って言葉をかわす場面が一度あった。製作は最終段階に入っているのだが、行き詰まっているように感じられたときである。ではあるけれども、二人のやりとりは製作の状況を尋ねて助言や指示をするといった、仕事をめぐってのものではなかった。

「花が減ったねぇ。昔は花屋町だったのにねぇ。向こうの黄色い家があんなに薄くなっちゃてる」と、窓の向こうに目をやって、何気なく話しかけたような、あるいはつぶやいたような言葉を発し、麻呂さんは宮崎さんの眺める窓の向こうに目をやって、「薄くなっちゃってるんですよね」とうなずくように言葉を継ぐ。「真っ黄色だったよね。レモンイエローだった」と在りし日を思い起こして自席へ戻る。そういう短い短いやりとりであった。

「関係者に向けた試写会」が行われ、宮崎さんははじめてこの映画を見ることになった。場合によっては、大幅な修正が求められることもある。「終わったら、すぐ逃げ帰りたい気分です。怖くて、どう思いましたかって、人に聞けないです」と、米林さんは心境を明かした。

「僕はここでいいですか?」と言って、宮崎さんの一つ後ろの席に座ろうとすると、「君は、一つ前に座って」と席を指定され、スクリーンを見ながら宮崎さんの気配を背中で感じ取る試写会が始まった。小人のアリエッティが少年と別れる最後の場面が訪れた。宮崎さんの頰には一粒の涙が流れていた。

立派な「ひとりだち」を祝福する大きな拍手が、会場に湧き上がった。宮崎さんも拍手して、米林さんに握手を求めた。二人は手を高くかざして、新しい監督の誕生を皆で喜び合った。「アリエッティの心情と少年の心情が、とてもよく伝わってきました」と、子どもたちがきっと感じるであろう思いを宮崎さんは伝えた。

＊＊＊

千葉経済学園の「教員免許更新講習」で、私は綿引弘文さんと組んで「社会科と総合学習の指導法」を担当している。ある年の講座履修者は69名で、そのうち50名が50代前半、女性がほとんどであった。

この講習は参加した教師にとって「教師生活の仕切り直し」をする場になって、「ひとりだち」へと向かうかけがえのない機会となったようだ。4名の感想を以下に引用する。

○講習を受けて、はっとさせられること新たな発見が多かった。まず unknown question の世界に子どもを連れ込む。教師もわからないことを一緒に考える。子どもたちと一緒に森の中を探検していくということである。今までの自分の授業を反省し、子どもたちに知的な喜び、追求する喜びを与えていくことができるだろうかと考えさせられた。

（53歳）

○フィールドワークで教材を「発掘」し、追究していくうちに、更に課題が見つかり、いろいろな人々とかかわりながら、探求を深めていく過程が、まるでミステリー作品を読んでいるようなドキドキ感を持って語られていて、聴いている私自身にもそのドキドキが伝わってくるようだった。久しぶりに熱い人に会えた。（53歳）

○「楽しい授業、子どもたちが主体的に学ぶ授業がしたい」と常々思いながら、何年も教職につき、授業を行ってきましたが、自分の理想とする授業ができたと思えるような経験がなく、だんだんと教師としての意欲が若い頃に比べて薄れた私ですが、今日の先生方の授業を受け、私も頑張って子どもがのってくる授業がしたいと改めて感じることができた。（43歳）

○椎名誠氏が、授業のビデオ（NHKテレビ『課外授業　ようこそ先輩「人生は探検だ！」』）の終わりに「ぼくもこうしてはいられないぞ」と思ったように、私も今日一日の講習を終えようとした時、「私は、こうしてはいられないぞ」という気持ちにかられました。気が進まなかった免許更新講習でしたが、受けにきて良かった、これからあと6年頑張っていこうという気持ちになりました。（53歳）

ここに感想を紹介した教師たちは「もう一人前だ。すでにひとりだちしている」と自任して、同僚の教師たちを〝指導〟する身に移ろうと考えても不思議でない年頃になっている。しかし、いまだ道半ばを歩む身であると認識して、これからの自分の課題は何か、それをつかみ取ろうと努める教師たちであった。

第4章　「仏様の指」で可能性がはぐくまれる

生きる力が「仏様の指」ではぐくまれる瞬間

大村はまさんの『教えるということ』(共文社)は昭和48年に出版され、教師や教師を目ざす学生たちに読みつがれている。中学校の国語教師として実践したその「創意に満ちた授業」や教師としてのゆたかな仕事から学ぶべきことは多い。

私は大学教師になったころに同書を読んだが、そのなかの「仏様の指」と題された一文は、深く心に沁みわたった。

大村さんは高校教師であった戦時中、毎週木曜日、奥田正造先生の読書会に参加していた。「どうだ、大村さんは生徒に好かれているか」と尋ねられ、いろいろと考えて「嫌われてはいません」と変な返事をしたときである。奥田先生は「そう遠慮しなくてもいい、きっと好かれているだろう。学校中に慕われているに違いない」と言って、次のように話し出した。

「あるとき、仏様が道ばたに立っていらっしゃった。すると、一人の男が荷物をいっぱいに積んだ車を引いて通りかかった。しかし、大変なぬかるみにはまってしまい、懸命に引いても車は動かない。汗びっしょりになって男は苦しんでいた。／その様子をしばらく見ていらっしゃった仏様は、ちょっと指でその車におふれになった。その瞬間、車はすっとぬかるみから抜けて、からからと男は引いていった」

奥田先生はこのように話して、「こういうのがほんとうの一級の教師なんだ。男はみ仏の指の力にあずかったことを永遠に知らない。自分が努力して、ついに引き得たという自信と喜びとで、その車を引いていったのだ」と語った。

大村さんは述べる。「もしその仏様のお力によってその車がひき抜けたことを男が知ったら、男は仏様にひざまずいて感謝したでしょう。けれども、それでは男の一人で生きていく力、生きぬく力は、何分の一かに減っただろうと思いました」

感銘深い話である。私は毎年、この一文を「教えるということ・学ぶということ」と題した「教育方法」の授業のなかで紹介する。

授業といういとなみの核にあるのは「子どもが教材を学ぶ」ことである。教材に向き合い、教材と格闘する子どもを見守りながら、気づかれることのないようにそっと指を添え、「自分の力」で教材をものにさせていく。それが「ほんとうの一級の教師」だと、私も思うからである。

ところで、教師を志す学生はどのような教師像をいだいているだろう。それは例えば、子どもたちにいつも注目されながら、教室の中心にデンと構える教師であったり、子どもたちに次々と知識を伝達し、それを覚えたかどうか高みから評価していく教師であったりする。「仏様の指」はそのような教師像を根底から崩し去り、新たな教師像の追究を学生に促すことになる。

『学んだこと』はいつまでも、自分の中に残るものです。そしてそれは、自分の大きな宝物になると思います。私もいつか、子ども達に宝物をこっそり心の中にあげられる教師になりたいです」と、授業の感想を率直に述べる学生がいる。

＊＊＊

「仏様の指」と題するこの話では、仏様はちょっと指でおふれになり、その瞬間、車はすっとぬかるみから抜けて、男はからからと引いていった。しかし、もしかすると実際はそうでなかったかもしれない。つまり、仏様は見るに見かねておふれになろうとしたのだが、指がふれるかふれないかのその間際に、男は「自分の力」で車をからからと引いていったのかもしれないのだ。

そう考えたい根拠はいくつもある。例えば逆上がりのできなかった学生Aは、できるようになったときのことを次のように伝える。

「私が小学生のころ、逆上がりがなかなかできなくて、自分なりに一生懸命考えながら練習していた時、先生がふと後ろから背中を押してくれました。色々アドバイスをして、手本を見せてくれたりしました。『あとちょっと、ガンバレ』と毎回、声をかけながら、背中を押してくれました。その時、私の頭の中では、先生が背中を押してくれるから、逆上がりができるようになると思っていました。けれど、ふとした時、先生がわざと背中を押すふりだけして、声だけをかけていた時、自然と逆上がりができました。初めは信じられなかったのですが、何回かやるうちに一人でもできるようになりました。『先生のおかげです。ありがとうございます』と述べると、先生は『私は何もしていないよ。最後は自分の力で上がれたんだよ』と言って、『自信を持って』と励ましてくれました」

また、学生Bは自転車の補助輪を初めて外して乗ったときのことを、次のように述べる。

「私の兄が、後ろから自転車を支えてくれていました。支えてくれているものだと思って、自転車をこいでいたとき、後ろを見てみると、支えている手がなく、一人で自転車に乗れるようになっていました」

この指摘を読んだとき、私にもあった同じような体験をありありと思い出した。買ってもらった子ども用自転車に乗りたくて、道で練習していた低学年のときである。倒れないように、叔父が後部をしっかり支えてくれていた。私はペダルを踏んでよろよろとこぎ出すのだが、バランスを崩してすぐに足を着いてしまう。転んで擦りむいたこともあった。

「その調子、もう少し」などと声をかけられて、ペダルを踏んでいたようにも思う。何度もやり直してしばらくこいでいると、私は思いも寄らず先へ先へと進んで行った。それまで味わったことのない〝感触〟を感じて、私は自転車に乗りつづけた。「叔父が着いて来てくれてるんだ」とありがたく思って、気持ちよくこいでいた。

ところが、叔父の声がだんだん遠のいて聞こえていることに、はたと気がついた。自分一人でハンドルを握り、バランスを取りながら自転車をこいでいる。叔父の力を借りることなく自転車をこいでいる。この事実を知ると、私は急に怖くなってブレーキをかけて止まった。ふりかえってみると、信じられないくらい遠くに叔父は立っていた。

＊＊＊

あのとき、仏様は男の車に指でちょっとおふれになったのだろう。しかし、男はみ仏の力にあずかったことを永遠に知らない。「ついに引き得たという自信と喜び」をかみしめた男は、その後、荷車が同じようなぬかるみにはまることがあっても、また考えもしなかった窮地に立ちいたることがあっても、何とかその局面を打開しようと、力をふりしぼって生きていった。そうであったにちがいない。

授業の中で、子どもたちは教師の「仏様の指」にさりげなく背中を押されながら、教材をものにしていく。それは、逆上がりができるとか自転車がこげるようになるといった実技面のことに限られない。文学教材を読む場合にも、社会や自然についての認識を深める場合にも、あるいはまた、算数の計算などを解く場合にも、教師のちょっとした問いかけや働きかけによって知的な展望がいつの間にかひらかれ、子どもたちは教材をしっかりと自分のものにしていく。「自分の力」を出しきって、子どもや学生が深く教材を学びとったとき、私は心からそのことを称える教師でありたい。

100歳を生きた人のしずかな言葉

ＮＨＫテレビは「あの人からのメッセージ・２００８」を放映した。「時代を駆けた巨人が数多く亡くなりました」というナレーションではじまったこの番組で、惜しまれつつ逝去した各分野の第一人者が語る言葉に私は耳を傾けた。

コメンテーターの岸本葉子さん（エッセイスト）は、番組の感想を次のように述べた。「これらの方々は２００８年に亡くなった方々であるけれど、２００９年からその方々とともに生きることが始まるようなきっかけになりました。これから、その人の映像なり本なりに接して、もっと分かりたくなりました」。私もまったく同様の思いをいだいて、番組を見た。

例えば、緒形拳さんは「演じることとは、演じないことに通じていくんですね。どこかで、そこを目指して、そういう思いだけであとは何もしない。そういう役者になれたらいいな。『あれ、下手だなあ』と言われたら最高の賛辞だね」と語った。

確かにテレビドラマなどを見ていると、演技しているな、わざとっぽいな、飾った振りをしているなと思ってしまう役者がいる。そう感じると気持ちが冷めていく。「演じる」という意識が消えて、その人物として「自然に生きよう」と努める緒形さんであった。

石井桃子さんが子どもたちに贈るメッセージは素敵で、教師はいつもこの言葉を心に置いて、子どもたちに接してほしいと私は思った。

子どもたちよ
子ども時代を　しっかり
たのしんでください。
おとなになってから
老人になってから
あなたを支えてくれるのは
子ども時代の「あなた」です。

コメンテーターの高橋源一郎さんは、石井さんの翻訳した『クマのプーさん』を幼いときに何度も読んだ。今、同じ本を2歳と4歳の子どもがたのしんで読んでいる。「何世代にもわたって、読まれているんですね」と述べたあとで、「子どもでも、難しいことは分からなくても、言葉の美しさは朗読すると分かるんです」と語った。

＊　＊　＊

宮崎奕保《えきほ》さんについて、私は何も知らなかった。宮崎さんは曹洞宗・永平寺の第78代禅師で、

106歳の高齢で逝去した。

番組には禅師に何回かインタビューしてきた立松和平さんが、コメンテーターとして出席していた。禅師と対して伝わってくる〝空気〟について、「禅師さんは腰が曲がっておって、老人の風体ではあったのですが、真向かって座ると、〝山〟のような方なんです。大きい方なんです。言葉の一つひとつが深い影響をこちらに与えるんですよ」と語った。

〝山〟のようにどっしりと屹立して語る一つひとつの禅師の言葉は、余分なものをそぎ落とした精髄と言ってよかった。

「坐禅」というのは、私の認識では足を組んで姿勢を崩さず、無念無想の境地に入って悟りを求める苦行である。しかし、宮崎さんが行いつづける「坐禅」は違った。それは「まっすぐ」ということで、背筋をまっすぐにし首筋をまっすぐにして、右にも左にも傾かないということ、それはまた「正直」ということでもあった。身と心は一つであるから、体をまっすぐにするならば心も自ずとまっすぐになるものだからである。

したがって、足を組んで坐ることだけでなく、歩けば歩くで禅、しゃべったらしゃべるで禅、スリッパを脱ぐのも坐禅である。脱いだスリッパがそろっていてもいなくても気に止めず、次の行動に移っていく人がいる。なぜ、曲がったスリッパを直せないか。それは、その人の心がまっすぐでないからだと禅師は述べる。

禅師に言われて心にすとんと落ちる指摘は、ほかにもあった。毎日日記をつけつづけてきて述べる言葉であるので、「そのとおりですね」とうなずかされた。

「自然はりっぱだ。私は毎日日記をつけておるけれども、何月何日に花が咲いた。何月何日に虫が鳴いた。それがほとんど違わない。規則正しい。そういうのが法だ。法にかなったのが大自然だ。法にかなっておる。だから、自然の法則をまねて人間は暮らす。人間の欲望に従っては、迷いの世界だ。

真理を黙って実行するというのが大自然だ。誰に褒められるということも思わんし、これだけのことをしたらこれだけの報酬がもらえるということもない。時が来たならば、ちゃんと花が咲き、そして、褒められても褒められんでもすべきことをして、黙って去っていく。そういうのが実行であり、教えであり、真理だ」

＊　＊　＊

黙って真理を実行する大自然のように、たいせつなことをしずかに私たちに伝えてくれる〝山〟のような方たち。長い人生を生きて、思い、感じ、考えて届けられる一つひとつの言葉に、私は耳を澄ましていきたいと思う。石井桃子さんも享年１０１歳であった。

高橋源一郎さんは、番組の最後に次のように述懐していた。

「老人っていいんじゃないか。今の社会は基本的には老人や病人を排除する社会です。元気な人だけが働いて、あとの人たちはあまり役に立たないで、なるたけ静かにしていてくださいと考えている。しかし、こんなふうに年取るなんて、いいよね」

村内先生――《たいせつなこと》を教えるために教師になった人

村内先生は国語の教師である。「カ」行と「サ」行、そして濁音や半濁音がうまくしゃべれない。「おはよう、ごっごっございます。ぷっ、ぷっ、ぷっ、ぷぷぷプリントがあるので、くく配ります」といった具合に話す。何かの事情で国語教師が勤務できなくなった中学校があると、村内先生は臨時講師として赴任して、短期間、授業を担当する。場合によっては学級担任もして転々と学校を移っていく。

先生のはげしい吃音を生徒たちは「ムラウチ病」と呼んで、だらけた態度を取ったりする。授業の進度が遅れがちになるので、「国語の授業、他の先生に代わってもらってください。期末試験は学年全体で同じ問題なのに、一組だけ村内先生で、先生の授業、どもってるから死ぬほどわかりにくくて、これで同じ試験を受けるって、不公平だと思うからです。迷惑しています」と、冷ややかな抗議を受けたこともある。

今の時代、臨時講師の希望者はたくさんいるはずだから、登載名簿から村内先生は削除して、生徒に迷惑がかからないようにすればいい。そう思うのだが、なぜ、教育委員会は任用期間が終わっても、また別の学校に村内先生を赴任させるのだろう。

＊＊＊

近年、居場所をなくしてこころを閉ざしたり、こころが壊れかかってとんでもない行動を起こしてしまったりする生徒がどの学校にもいる。そういう重たい心境にいる生徒は、村内先生と出会っていると、《こころの扉》をひらいてみようかと思うようになる。閉じこもっている殻を打ち破ってみようか、立ちはだかっている壁を乗り越えてみようか。そのきざしが察せられると、村内先生は「よかった。間に合った」と心をなでおろして、やがて別の学校へと移っていく。

ある日、村内先生はホームルームの時間に、「先生のせいで一組の平均点が落ちたら、責任とってくれるんですか?」と問い詰められた。そのとき、先生は次のように言い切った。

「先生がほんとうに、こっ答えなければならない生徒からの質問は、『わたしはひとりぼっちですか』という質問だけなんです。こっ、こここっ、答えは、一つしかないんです。そのために、先生は……お父さんやお母さん以外のオトナのなかで、みんなの《いちばんそばにいる》んです。先生がそばにいることが、こっ、こっ、こっ、こっ……答えなんです」

村内先生にとって、教師というオトナは、生徒の学業成績を1点でも上げるために存在するのではなかった。一人ひとりの生徒にとって、父や母以外のオトナとしていちばんそばにいる。このことをいつも心において接し、また、生徒からもそのように思われて存在しなければならなかった。

生徒のいちばんそばにいる。――それは、けっして「生徒にべったりくっついている」ということではない。教室で生徒と対しているときはもちろんだが、生徒から離れて職員室で職務にあたっているときなどでも、生徒一人ひとりが「人間としての成長の階段」を、足を踏み外すことなく一歩一歩上って行けるように、思いをはせているということであろう。

＊＊＊

ある中学校に、進学先をどうしたらいいか独り悩む生徒がいた。村内先生は「《たいせつなこと》さえ忘れなければ、どこの高校に行っても、ひとごろしにはならないよ」と話した。進学する高校がどこになろうとも、それは本質的な問題ではない。だいじなことは、「《たいせつなこと》を忘れない高校生に成る」ことだというのだ。

そう言われても、意味がよく分からない。「《たいせつなこと》と、[正しいこと]って、ちがうんですか?」と尋ねてみると、先生は次のように話してくれた。

――よくわからないんだ、先生にも。わからないんだけど、[たいせつじゃないけど、正しいこと]、あるよな。[しょうがなくて、正しいこと]、やっぱりあるし、[ほんとうは間違ってるのに、正しいこと]も、あるよな。[正しくなくても、たいせつなこと]だって、あるんだ。でも、[たいせつじゃない、たいせつなこと]は、絶対にないんだ。《たいせつなこと》は、どんなときでもたいせつなんだ。中学生でも高校生でも。大人でも子どもでも。――

村内先生はそう述べてから、「先生は[正しいこと]を教えるために、先生になったんじゃないんだ。先生は《たいせつなこと》を、教えたいんだ」と言いつなぎ、深いため息をついた。

＊＊＊

重松清さんの小説『青い鳥』（新潮社）は、村内先生が赴任した先々の学校で出会った生徒との物語（８編）で構成されている。読みながら私は何度涙したかしれない。［正しいこと］と《たいせつなこと》はどこがどのように違っていて、またどのようなときに二つは重なるのか。この難解な問題について考えることも余儀なくされた。

教師生活を長くしてきて、それとなく分かってきたことがある。それは「正しい」と思っている私の認識や解釈を伝えようと構えているとき、私の対し方には「強引さ」が見え隠れしている気がすること。しかし、ある《たいせつなこと》に気づいてほしいと願って対しているときには、なぜか気負いや力みが消えて、おだやかに話しているように感じられることである。

たいせつじゃない、たいせつなことは絶対にないし、たいせつなことは、どんなときにも、また大人でも子どもでも、誰にとってもたいせつである。――村内先生の謎めいたこの言葉を味わいながら心におさめようとすると、私は深い森の中に足を踏み入れてしまう。

ぼくのこどもの、こどもの、こどもが会いにくるんだ

内田麟太郎さんの絵本『おじいちゃんの木』（佼成出版社）は、とてもたいせつなことを私たちに届けてくれる。

主人公は子猿のモンちゃん。モンちゃんは「おじいちゃんの　おじいちゃんに　あいに　いくんだよ」と、楽しげに歌いながら自転車をこいで行く。イタチやハリネズミやアナグマは「なに、おかしなことを言っているんだ」とうすら笑うように、「おじいちゃんの、おじいちゃんの、おじいちゃんなんて、いないもーん。そんなに　ながいき　しないもーん」などとからかう。しかし、モンちゃんはまったく平気である。きこりんきこりんと丘を越え山を越えて、心をはずませながら自転車を走らせて行く。

「いったい、どこに行くのだろう」と気になってページをめくっていくと、「こんにちはー！」と挨拶する大きな声がする。相手はいったい誰だろう。それは「おじいちゃんの、おじいちゃんの、おじいちゃん」ではなかった。それは「おじいちゃんの、おじいちゃんの、おじいちゃん」が植えて、見上げるほど大きくなった一本の木であった。

モンちゃんは、気持ちよさそうにその木にもたれて座った。すると、「げんきで　なにより

だね」と、おじいちゃんの、おじいちゃんの、おじいちゃんがモンちゃんに話しかけてきた。

＊　＊　＊

モンちゃんは生まれて間もなく、お父さんにおぶわれたりお母さんに抱かれたりして、ここに連れて来られた。それから、「この木はね、おじいちゃんの、おじいちゃんの、おじいちゃんが植えた木なんだよ。さわってごらん」などと言われて育ったのだろう。だから、一人で自転車に乗れるようになってからは、「おじいちゃんの、おじいちゃん」に会いに行くことが、楽しみでならなくなった。幹をだきしめて話しかけたり、生い茂る葉を見上げて話しかけたりして、ひとときを過ごすようになった。

モンちゃんのお父さんも同じように育った。小さかったときに、お父さん（つまり、モンちゃんのおじいちゃん）に「この木はね、おじいちゃんの、おじいちゃんの、おとうさんが植えた木なんだよ。りっぱな木だろう」と言われて育った。だから、お父さんはモンちゃんが生まれると、モンちゃんに「あのね」と言って伝えたのだった。それはモンちゃんのおじいちゃんも同じであっただろう。

「おじいちゃんの、おじいちゃんの、おじいちゃん」に会いに行くことを心から楽しみにするモンちゃんの《おおらかさ》は、こうして、バトンを繋ぐようにしてはぐくまれた。幼いころをこのように心ゆたかに過ごすと、「子どもの生きる世界」は洋々として果てしなくひろがっていく。

絵本は、次のようにつづく。

「げんきで　なによりだね」と、おじいちゃんの、おじいちゃんの、おじいちゃんに励まされたモンちゃんは、その日、こっそり木を植えて家に帰っていった。「どうしたんだい？」とヤマバトが聞くと、「ぼくの　こどもの　こどもの　こどもがね　いつか　あいに　くるんだよ」とモンちゃんは答え、そうしたら「げんきで　なによりだね」と言ってやるんだと話した。

＊　＊　＊

「別に私だけが特殊な力を持っていたわけではないんでっせ。昔から何代にもわたってこないして技術を受け継いできたもんやったんです。それが時代のなかで一つ一つ消えていったんですな。昔は林の木のように私のような職人がおったんです。それが一本ずつ枯れたり倒れたりして、気がついたら一人残されていたんですわ」

このように述懐するのは、「法隆寺最後の宮大工棟梁」と言われた西岡常一さんである（『木のいのち　木のこころ〈天〉』（草思社）。

西岡さんは小学校に入る前のまだ5、6歳のころから、祖父の西岡常吉棟梁に仕事場に連れて行かれた。「そこへ座って、みんなの仕事を見とれ」と言われ、友達が遊ぶのをうらやましげに見ながら、大工仕事をじっと見つめて毎日を過ごした。幼いながらに、あの人は釘を打つのがうまい、あの人はまた釘を曲げよったと目を肥やしていく西岡少年であった。

祖父の勧めで農学校に進学し、土壌や林業について学ぶことになった西岡青年は、夕飯が済むと按摩しながら、法隆寺大工というのはこうやったとか、先祖はこういう人やったとか教わることが多かった。

西岡さんは先の文章につづけ、再建した薬師寺西塔等について次のように述べる。

「百年、二百年たって、私らがやった塔や堂がどうなっていますか。そのことを考えてやったつもりやけど、どうなっていますか、見たい気がしますな。三百年後に自分の造った西塔が東塔と並んで建っていたら、『よくやった』というて初めて安心できますがな」

法隆寺は世界最古の現存する木造建築である。創建されてからの１３００年間、平安・鎌倉・南北朝・室町・江戸・昭和と何度か大修理や復元が施され、いまも私たちの目の前に美しく立っている。数えきれないほど多くの工匠や工人が、その修理や復元の事業にたずさわって今日までできたのだが、西岡さんは「わたしは、その中で、どの時代のだれよりも『一番の幸せ者』や」と思い、「えがたい喜び」にひたっている。

「法隆寺を支えてきた千三百年前のヒノキが、一本一本、それぞれの個性豊かに、いまなお生き続けている姿と、そのわけを、解体修理を通して、しっかり受けとめることができ」たからである。また、「各時代の先人たちの心をこめた技の手形、仕事ぶりを、自分の目で見て、手に取り、それらを体得できた」からでもある（『法隆寺を支えた木』ＮＨＫブックス）。

＊＊＊

私たちは、せかせかせかせかせか毎日を過ごしている。政財界のトップの人やテレビで引っ張りだこのタレントなどは分刻み秒刻みで過ごし、寝る時間も十分に取れないことを誇らしげに語る。そういうタレントたちにあこがれ、自分もそうなりたいと願望する若者も少なくない。しかし、西岡棟梁の携えている時計はまったく異なる《時の流れ》を刻む。10年、100年を単位とする時計で世の移ろいをながめ、遠い先人と語り合って生きている。

棟梁は述べる。「千三百年前に法隆寺を建てた飛鳥の工人の技術に私らは追いつけないでっせ。飛鳥の人たちはよく考え、木を生かして使っていますわ。（中略）木の癖を見抜き、それを使うことができ、そのうえ日本の風土をよく理解し、それに耐える建造物を造っているんですからな」

西岡さんに「法隆寺の部位から抜いたクギが、まだ1000年はもつ」と教えられ、私はとても驚いた。外側はたしかに錆びているが、そのクギは日本刀をつくるときと同じに、何回も何回も折り返し叩かれてクギになっているからであった。

1300年前に切り出された法隆寺のヒノキに鉋をかけると、今でもいい香りがするともいう。これも驚きである。なぜ、生まれもった香りを失わずにいられるのだろう。

「こどもの、こどもの、こども」が自分の植えた木に会いに来たならば、「げんきで、なによりだね」と声をかけたいと語るモンちゃんは、300年後に西塔が東塔と並んで建っていたならば、「よくやった」と言ってあげたいと語る西岡棟梁と、どこか似てはいないだろうか。

「品格」について静かに考える

藤原正彦さんの『国家の品格』がベストセラーになってから、「品格」を書名に掲げる本が次々に出版されている。坂東眞理子さんの『女性の品格』もベストセラーになっているし、『親の品格』『父親の品格』『母の品格』『男の品格』『自分の品格』『日本人の品格』『子どもの品格』、はては『横綱の品格』『エースの品格』などもあって、その数は20冊を超える。

今の世の中、政界や経済界をはじめスポーツ界から父母や子どもの世界まで、首をかしげたり目を覆ったりしたくなるような行いが起こりすぎている。心ある人たちは人間としてそなえたい《品格》について考えなければならないと思っているのだろう。

しかし、そもそも《品格のある人》とはどういう人なのか。上品な人、品性のある人、品位のある人、気品のある人、品のいい人とはどこがどう違うのだろうか。

＊＊＊

先に掲げた著書は《品格》をどのように説明しているか、短く書かれている数例を挙げてみる。

○品格ある女性の第一歩は一人で生きていけること、群れないことから始まります。（坂東眞理子）
○何気なく涼しい顔をしながら実は努力を重ねているというのが一番品格があります。（同右）
○「品格」とは、気取った話し方やすました態度のことをいうのではなくて、凛とした清清しい心のもちようなのだということを述べておきたいと思います。（多湖輝）
○「できない（やらない）理由を探すことなく、志を保ち、自分で自分を尊敬できる人間になれ」、と言いたい。これが私の考える「自分の品格」でもある。（渡部昇一）
○品格ある人間にいちばん大切なものは「潔さ」ではないかと思う。生きていくうえで遭遇するいろいろな問題に、人から後ろ指を指されることなく、自分でも誇れるような生き方をするとしたら「潔く生きる」ということしかないのではないか。（川北義則）

いずれの指摘ももっともで、私は心に留めて努めたいと思う。しかし、どこか隔靴掻痒の感がしてならない。それぞれの文中で用いられている「品格」という言葉は、「品位」と置き換えて読んでもさしつかえないように思えるからである。

『類語大辞典』（講談社）によれば、そもそも「品」とは「立ち居ふるまいや雰囲気などから感じられる、いやしい感じや奔放な感じのない、抑制のきいた快さ」である。「品位」と《品格》の違いは、その着目するところが品の「良さ」であるか、それとも《高さ》であるかによるようだ。『日本語　語感辞典』によれば、「品格」には「人物の大きさや幅も含まれる感じがある」という。

出会った人の立ち居ふるまいや雰囲気などに、「品位」ではなくて《品格》を感じるのはどういうときだろう。それは考えてみると、その人の何げない行いや態度に私の生き方の根っこがゆさぶられるような《気高さ》を感じたとき。骨の髄までしみわたるような《風格》をその人から感じたときのようだ。

品のいいたくさんの人に出会って「抑制のきいた快さ」を身につけていきたいし、気高く生きる人とも出会って「生き方の格調」を高めつづけていきたいと私は思う。

＊＊＊

椋鳩十の「大造じいさんとがん」は、私たち大人にも深く考えさせてくれる優れた文学作品で、5年生の国語教科書にも掲載されている。

近くの沼に集まってくるがんの頭領らしい残雪は、いつも油断なく気を配っていて、猟銃の届く所まで猟師を寄せつけない。そんな残雪をいまいましく思うのだが、大造じいさんは「たかが鳥のことだ」と思って、捕獲作戦に余念がない。準備を整えて群れの到来を待ち受けるのだが、残雪はその小細工を簡単に見抜いてしまう。毎年、作戦は空振りに終わる。

今日こそ、あの残雪めにひとあわふかせてやるぞ。そう息巻いて「おとりのがん」を使って生け捕りを試みることにしたその日、予期せぬことが起きた。1羽のハヤブサが突如、がんの群れに襲いかかってきて、「おとりのがん」は逃げ遅れてしまった。野鳥としての本能を鈍らせていたからである。ハヤブサの餌食になりかけたそのとき、残雪はハヤブサにぶつかっていった。たとえ「おとり」のがんであっても、救わねばならない仲間だと判断したからにちがいない。2羽は沼地に落ちた後も、血まみれになって激しく戦いつづけている。

大造じいさんが駆けつけると、ハヤブサはよろめきながら飛び去り、残雪はぐったりとしてそこにいた。しかし、「第2の恐ろしい敵」が近づいてきたことを感じ取った残雪は、残された力をふりしぼって、長い首をぐっと持ち上げて正面からにらみつけた。大造じいさんが手をさし伸べても、まったく動じることはなく、最期まで「頭領としての威厳」を持ちつづけようとしている。そのたたずまいに強く心を打たれた大造じいさんには、「ただの鳥」として対してきたそれまでの気持ちが失せていた。

――「大造じいさんとがん」はこのように要約できる。

私は、残雪のこのときのたたずまいに「品格」を感じ取りたい。残雪は確かに「たかが鳥」であって、そのような鳥に「品格」などという言葉をかぶせることは筋違いであろう。しかし、この気高い立ち居ふるまいに「品格」を感じ取らなければ、どのようなふるまいに「品格」を感じ取ったらいいのだろう。

＊　＊　＊

「ちいさな風の会」の世話人を務める若林一美さんは、その著書で、子どもを亡くした親の心境や、病室に居て死と向き合う子どもの内面の世界についてつつましく伝えつづけている。例えば、ほんとうに幼い子どもが、同じ病室に死にそうで苦しんでいる仲間がいると、夜中、いつもなら押すナースコールを遠慮して朝まで堪えながら過ごすという。看護師の助けを借りなければとうていできるはずのないことを、不自由な身体でもって独力で行った形跡が、検温などでまわったときに確認できるというのである。

「大変なことをしたんだね」と共感を伝えて、「呼んでくれればよかったのに」と言うと、子どもは「まあね」と言って、それ以上に多くは語ろうとしないとも言う。(『デス・スタディ』日本看護協会出版会)。

かなり小さいときに白血病となり、寛解、集中治療、再発と小児病院に入退院を繰り返す一人っ子の甘えん坊(Aくん)について、若林さんは次のように伝えてくれる。

その病院には「面会時間は週3日、1日2時間」という厳しい規則があって、4時になると、面会を終えなければならなかった。Aくんはいつも廊下のはじのドアまで母を見送って、病室で飼っている熱帯魚や球根の世話のことなどについて何度も繰り返し伝えて、別れを惜しんでいた。

発病して5年目に入り、「これが最後となる治療」を医師から受けたAくんは副作用の痛みに苦しみつづけたが、大部屋から個室に移されて母親に付き添ってもらわねばならない時期になっていた。看護師は「お母さんに泊まってもらおうか」と語りかけた。きっと喜んでもらえるにちがいないと思ったのだが、Ａくんは苦しい息をしながら「まだ、お母さんじゃなくて、看護婦さんでいいよ。みんなと同じ部屋でいいよ。ぼく、苦しくても我慢するから、お母さん呼ばないで」と、嘆願に近い口調で繰り返し答えたという。

若林さんは述べる。「子どもにしてみたら、ほんとに苦しくて、つらくて、そんなとき、そばにいてほしいのはお母さんなわけです。『お母さんそばにいてね』といいたいけれど、何度も入退院をくり返していくなかで、お母さんが病室に泊まり込む意味をだれも何もいわないけれども、子どもはちゃんと知っていたのです。お母さんを呼ぶということは、自分が死ぬということなのです」(『死を学ぶ』日本看護協会出版会)。

年端も行かない小さな子どもが、このように立ち居ふるまって余命を生きる。もし、私たちに高い「品格」が備わっているとするならば、その品格は「のっぴきならない事態」に当面したときに、おのずから顔をのぞかせてくる。つまり、「品格」というのは「差し迫った事態に身を置いたときに問われることになる風格」と言っていいかもしれない。

「初めて」のあのときをたぐりよせる旅

「初めて」は子らに突然訪れる例えば自分で蝉を捕れた日　星田美紀

「NHK短歌」（平成21年8月30日）の入選歌である。この短歌を読むと、私にもそのようなことがあったなと「あのときのこと」が遠くに浮かんでくる。「『現場としての授業』をつくるために力をみがく会」でこの短歌を取り上げると、例えば次のような思いが述べられた。

○大人になるとあたり前のことでも、子どもにとっての「初めて」は、本当に嬉しいものなのだ。ひとつひとつ「初めて」が増えていき、それが成長していく礎となっていくのだろう。
○「初めて」は子どもたちにとって突然であり、偶然であり、時には起こるべきものとして起こるものである。そんな「初めて」の気持ちをすっかり忘れてしまっている自分に気付き、少しショックだった。今のクラスの中では日々様々な事が起こる。子どもたちに「初めて」の驚きや感動を目一杯味わわせてあげたいと思った。

参加者には、まず「初めて」という言葉を聞いてどのような思いが浮かぶか挙げてもらった。「わくわく・どきどき・うきうき・うずうず・ハラハラ・うまくいくかな」といった思いである。そして、「初」のつく熟語を思いつくまま挙げてもらうと、「初日・初回・初心・初志・初夢・初恋・初雪・初日の出・初出場・初詣」と次々に挙がってきて、心をときめかせたり身を引き締めたりして臨む「初めて」の世界がホワイトボードにひろがった。

作者は、「初めて」は子らに「突然訪れる」と述べる。「突然やってくる」と言ってもいいように思えるが、二つの語感にはどのような違いがあるだろう――。

そう尋ねると、「やってくる」は自分の思いとは無関係に向こうから来る感じだが、「訪れる」というときは「ずっと待ち焦がれていたそれ」がついに手の届くところまで来る感じがするという。「春が訪れる」と「春がやってくる」を並べてみると、たしかに「訪れる」には、素敵な贈りものが思いもかけず届けられて心がなごんでいくような語感がある。

平成のこの時代、幼い子どもたちは私の子どもの頃と変わりなく、夏休みになったら蝉捕りをしようと思っているだろうか。思い起こしてみると、年上の人たちは網を持つと難なく捕ってしまうのに、私はなかなか捕れなかった。小さな蝉に「逃げたほうがいい」と感じ取らせてしまっているのか。悔しくて、またうらやましくてならない夏休みであった。

何度やっても逃げられてしまうので、もう少し大きくならないと無理なんだとあきらめかけたものの、「もう一度だけ」と思って網をかぶせてみる。すると、なんと蝉がバタバタもがいている。「初めて」はこのようにいつも突然に訪れてきて、子どもを驚かせ喜ばせてくれる。

＊＊＊

産声をあげてこの世に誕生したとき、私たちはほんとうに何もできなかった。その赤子が歩んできた人生というのは、考えてみれば「初めて」を積みかさねた軌跡といっていい。何回も転んだ挙句、初めて自転車に乗れた日。豆がつぶれるまで鉄棒を握って、ついに逆上がりのできた日――。それまでできずにいたことができるようになる。それは一つの革命である。

その日は「自分の年表」にしっかり書き留められて、記念すべき日になっていいはずだ。しかし、お宮参り・七五三・入学式といった儀礼と比べれば、その重みはたいしたことがないと思われてしまうのだろうか、「年表」に書き記されることはない。

誰もがいつの日かできるようになって当たり前になる「初めて」の日は、記念日と銘打つほどのことはないということか。それとも、初めて立った日、歩いた日などは突然に訪れて、写真やビデオに撮影される機会を逸することになるので、外されてしまうからなのか。

学生Aは「私は、小学生の頃、分数の通分がどうしてもできませんでした」と、そのときのことを思いおこして教えてくれた。

Aさんは通分の仕方が理解できなかった。授業で出された問題の答え合わせをするとどれもが違っていて、悲しくなってどうしたらいいか分からなくなった。先生のところに相談に行くと、先生はていねいに説明して問題をつくってくれ、「やってくるように」と言った。翌日、先生は答えを見て教え、別の問題を出してくれた。そういうやりとりを何日かつづけた。

「数日後、ほとんど答えがまちがえなくなり、自分に少し自信がついてきました。その時、私は生まれてはじめて、悲しくもないのに、授業中に泣きました。家に帰ってから、先生に問題を与えられたわけでもないのに、教科書に出ている練習問題を何問も何問もやって、次の日先生に見せに行きました。先生は自分の指導のおかげだなんていうことは一言も口に出さずに、『E子ちゃんが、とてもよくがんばったからだよ。本当によかったね。』と言ってくれました。それ以来、通分が大好きになりました」

「生まれてはじめて、悲しくもないのに授業中に泣いた」この日を、学生Aはしっかり覚えている。「年表」に書き留められることがなくても、「初めて」のその日は、「先生の親身なかかわり、活気が戻ったその後」と結びついて、20歳になった今も忘れ去られていない。

＊＊＊

柳田邦男さんと伊勢英子さんの共著『はじまりの記憶』（講談社文庫）を読んだ。同書には「かなしみ」「笑う」「ころぶ」といった12あまりの、二人にとっての「はじまりの記憶」がたぐり寄せられ書き綴られている。

「自分探しの旅というのは、幼少期の原風景に戻ったり『今』を意識することに戻ったりする旅で、時には想像もしないところに思いがけない出会いのかけらがころがっていることがある。原風景を大事にするのはすごく前向きの姿勢なのだ」と伊勢さんは書き記す。「私もまた、人生の節目に立ったときや困難な試練に直面したとき、自分の内面の原点を探る旅に出る」と柳田さんは述べる。

昨今、「自分探しの旅」が大事だとよく言われる。その「旅」には、自分のしたいことを探し求めて未踏の原野を歩くというニュアンスがある。しかし、お二人の指摘に耳を傾ければ、その「旅」はこれまで歩んできた人生のなかから「今の自分」とつながる「原風景」をさぐり出すという、「自分の内面の原点を探る旅」であるようだ。

伊勢さんは「子どもたちの発見の後ろからついて歩くのが好きだ」と述べる。というのも、子どもたちが毎日のように「電線にハトが54羽もとまっていたよ。雨あがり、裏の石垣にナメクジが78匹もいたよ」と報告してくるからである。目にする光景をざっとながめてそれで分かった気分にさせず、その数をすべて数えきって目に焼きつけ、心に刻もうとする行為を呼び起こす。「初めて」というのは、そういうものなのだろう。

＊＊＊

学校の教室は子どもがはじめて見つけたことや体験したことを教師にそして友達に語り伝え、それに耳を傾ける空間であるとたのしい。

「初」という漢字は「衣と刀」で成り立つ。着物をつくる職人は、その仕事を布に刀（ハサミ）を入れる作業からはじめる。何事にも「はじまり」があって「はじまり」がおろそかにされると、ものごとは思うようには捗らない。漢字の「初」は、そのことを私たちに教えている。

「日本一心を揺るがす社説」は大新聞のそれとどこが違うか

新聞には社説というものがあって、それは〝新聞の顔〟として、どの新聞も1面の左肩に掲載してきた。いつのころからか、新聞の軸足は論説よりもニュース報道に移ることになり、社説は2面、3面へと身を退き、さらには数面も後の紙面に退いて、読者の投書欄と並べて掲載する新聞まで現れている。

政治、社会、スポーツ、家庭などの諸面に比べれば、社説を読もうと思って購読する読者は限られてきている。したがって、紙面から姿を消すことになっても惜しまれることはないかもしれない。しかし、〝新聞の顔〟を失うことははばかれるので、目にふれることの少ない紙面への後退が図られていると言っていい。

大学に入学したとき、私は、社説というのは社会に目をひらかせる知的な〝窓〟であるから読むようにと助言された。年初めの元旦の社説や憲法記念日、終戦記念日などのそれは、何紙かを読み比べて各紙の立ち位置や主張を確かめたり、5月3日と8月15日の社説はスクラップしておき、憲法や平和についての論調の変遷を読みとったりした。

といっても、けっして熱心な読み手ではなくて、テーマに関心が薄かったりする場合には、パスすることが多かった。社説とのつきあいは年を重ねるにつれて疎遠の度を深めてゆき、まともに読んだ最後の記憶は6年前（朝日新聞・平成18年11月2日）にさかのぼる。

当時、各地の学校でいじめが多発して、自殺する子どもがあとを絶たなかった。心を痛めた論説委員は中学生などに読んでもらおうと切に願ったのだろう、『避難港』を見つけよう」というタイトルで「病める君へ」と副題をつけた社説を掲載した。その主張は「です・ます調」で書かれ、避難港・緊急・衝撃といった漢字にはふりがなが振られてもいた。どうしても伝えたいと願う思いがあふれる社説で、子どもたちばかりでなくて、悲痛な思いでいる読者の心にも届くことになった。

池上彰さんがときどきテレビで時事問題を解説している。その番組は要を得ていて目がひらかれる。「新聞の社説を介して考える」という私のチャンネルは、教育問題のほかはほとんど閉じられてしまっていて、諸問題の理解についてはテレビ報道を介するように変わっている。

＊＊＊

新聞というのは、「その時々のニュース・話題・解説などを伝える定期刊行物」（明鏡国語辞典）を言う。こんにち、どのくらいの数の新聞が全国各地で刊行されているだろうか。いずれの新聞でも、同じようにしかつめらしい顔をして、近寄りがたい目線の社説が掲げられているのだろうか。読み手のこころを温かくつつみこんで、親しく語りかける「社説」はないのだろうか。

それは朝日でも毎日でも読売でもなかった。――このような副題で『日本一心を揺るがす新聞の社説』（ごま書房新社）が出版された。いったい、どの新聞の社説なのか、私は一読者になって、その書名に偽りがないかどうか確かめたいと思った。

その社説を掲載する新聞は、毎週月曜日・月4回発行されている「みやざき中央新聞」（宮崎中央新聞社）である。編集長の水谷もりひとさんは、ある大学教授から「お前の新聞の社説、ありゃ、社説じゃないよ。哲学がない」と酷評されたことがあって、あらためて大手全国紙の社説を読んでみた。その指摘はごもっともであった。

全国紙の社説には、朝日でも毎日でも読売でも「知性と教養」がほとばしっている。たしかに「格調高く、闘うジャーナリスト魂」が感じ取れる。しかし、そういう社説を読者は読みたいと願っているのか。「社説らしくない社説」を書くということも一つの哲学ではないかと水谷さんは開き直って、「社説」を書きつづけている。

水谷さんの新聞に対する思いは、次の一文に凝縮される。――元来、情報とは情感を刺激するものだから「情報」なのである。情報を得て、何を知ったかではなく、何を感じたかが大事なのだ。だから情報は、報道の「報」の上に「情け」を乗せている。「情け」とは人間味のある心、思いやり、優しさ。情報は常に「情け」を乗せて発信したい。

＊　＊　＊

『日本一心を揺るがす新聞の社説』で、水谷さんの執筆する「社説」を読んだ。その「社説」は身近なところから書き始められ、語りかけるように書かれていて、読み終わったあとに余韻が残る。月曜日が待ち遠しくてならなくなるにちがいないと思う「社説」であった。

そのなかから『抱っこの宿題』、忘れんでね！」を紹介する。その社説は、『やべがわ新聞』（保険代理店に勤務する平川哲也さんの発行するお客様向け新聞）に掲載された、次のような話から語り出される。

ある日、平田さんの三女こはるちゃん（小学1年）は学校から帰ると、「お父さ〜〜ん、今日の宿題は抱っこよ！」と嬉しそうに叫んだ。漢字の書き取りや算数の計算の宿題ではなくて、「おうちの人から抱っこしてもらってきてね」という宿題である。平田さんは「よっしゃあ！」と言ってしっかり抱きしめ、こはるちゃんは母・祖父・曽祖母、そして二人の姉にも抱っこしてもらって、「抱っこの宿題」をやりとげた。家族6人との抱っこはクラスで最も数が多くて、こはるちゃんは「抱っこのチャンピオン」になった。

数日後、平田さんは「学校のお友達はみんな、抱っこの宿題をしてきとったね？」と聞いてみた。すると、「何人か、してきとらんやった」と言う。心が陰ってゆく平田さんであったが、こはるちゃんの次の言葉を聞いて救われた。――だけん、その子たちは先生に抱っこしてもらってた。

私には、このときの教室の光景が見えてきて、「いいなあ」とうらやましがる子どもの声が聞こえてくる。担任の先生は何かあると子どもたちを抱っこしたりして、心を通わせながら温たかく接しているのだろう。

水谷さんはこの話を紹介したあとで、「人間には抱っこが必要である。幼少期にしっかり抱っこしてもらった子は、そのときの体の柔らかさも、温もりも、覚えていないが、潜在意識が記憶している」とつづける。

そして、次のように現今の家庭や若者をとりまく問題点へと目を向けて、「社説」を閉じていく。

《乳幼児期にたっぷりと愛情を注がれてきた記憶があると、帰りたいときにいつでも親（あるいは親の代わりになる人）のところに戻れるという安心感が、心の真ん中に出来上がる。そういう子は、それ以降、自立に向かって「人生のコマ」を次の発達段階に進めることができるのである。／幼少期にやり忘れた「抱っこの宿題」は、思春期に歪んで出てくる。男の子はずっと抱っこされたいマザコンであり続けたり、女の子は親以外の大人に抱っこしてもらってお金をもらうという援助交際に走ったり……。／「抱っこの宿題」は子どもにでなく、親に課せられた「宿題」だったのだ。》

＊＊＊

『日本一心を揺るがす新聞の社説』には第2集があって、同書には「抱っこの宿題」の反響などにふれた「社説」が載っている。

この宿題を1年生の子どもたちに出した教師は、横山真由美さんであった。ある日、新聞社に便りが届いて、そこには「最後の1年間は自分の体力に限界を感じ、納得のいく子ども達とのふれあいもできないままの退職を選んだ自分でした」と書かれていた。「横山先生、今度は自分自身をぎゅっと抱きしめてくださいね」と書き綴って、「社説」を閉じる水谷さんである。

どの新聞の社説も明晰な頭脳で問題点を鮮やかにえぐり出して、私たち読者の啓発に努めてほしいと思う。そのとき、論説委員に心がけてほしいのは、私たち一人ひとりに語りかけるように筆を進めることである。

ピアノの調律をするように心を整えて試合に臨むアスリート

サッカーの長谷部誠選手は高校時代まで、同年齢の選手のなかで特に注目されるような存在ではなかった。しかし、高校を卒業してJリーグに入団してから徐々に頭角を現し、日本代表チームのキャプテンとなり、今では世界的なプレーヤーとしてドイツで活躍している。

これまで「お前は運がいいな」と、いろいろな人から言われてきた。「そうだね」と答えてはきたが、「運の良さ」という一言で、自分の25年の人生を語って済ましたくない。サッカー選手としてここまで成長できるようになった理由が、必ずあるにちがいない。その理由を探しあてきちんと説明できるならば、多くの人の人生のヒントになるだろう。そう思って自分と向き合って書き上げたのが『心を整える。』(幻冬舎)である。

どんなプレーヤーであっても、いつもいい結果を出せるものではない。監督やサポーターの期待に応えられないことがある。そういうとき、「心を強く持て」とか「心が折れたらダメだ」と叱咤される。しかし、長谷部選手にとって心というのは、例えるならば「ピアノの弦」のようで、調律に努めなければならないのであった。

＊＊＊

「調律が狂う」のは「ピアノが体調を崩して熱を出し、環境の変化についていけないと訴えているようなもの」だと、調律師の高木裕さんは述べる(『調律師、至高の音をつくる』朝日新書)。

つまり、熱を出している箇所を一つひとつ鍵盤をたたいて突き止め、健康体に戻していくのが調律師の仕事である。ピアノが体調を崩す原因の一つは打鍵の際の振動であるが、それよりも温度や湿度の変化のほうが大きい。弦のいのちはきわめて繊細である。

演奏会の開幕する前、調律師は2時間ほど、がらんとしたホールの舞台で本番のホールで生じるであろう様ざまな状況を想定してピアノの調整に努める。照明の明るさでどのくらい温度が上昇するか、観客の厚手の洋服でどのくらい吸音されるか、雨天の場合には、観客の衣服に付着してどのくらいの湿気が持ち込まれるか、ピアニストのテンションが上がると打鍵はどのくらい強まるか。想定しなければならないことは多い。

ミケランジェリの専属調律師を務めていた村上輝久さんは、調律を終えたピアノでの演奏を、聴衆の一人として客席に座って聴く機会があった。ステージに現れた彼が最初の音を出すまで、それはきわめて短い時間であったにちがいないのだが、とてつもなく長く感じられた。「心臓の鼓動は高鳴り張り裂けんばかり。やがてスカルラッティが流れ始め、そのすばらしさに、いつの間にか私の心配は感激に変わっていった」と、そのときの心境を村上さんは語る(『いい音ってなんだろう』ショパン)。

長谷部選手には、プレーしていて正確さに欠けるときが何度もあった。心が散漫であったときである。試合に負けると次の日は何もしたくなくなって、部屋は散らかりっぱなしになった。「あの場面でああすれば良かったという未練や悔しさが消えず、自分の心の中が散らかってしまっているからかもしれない」とふり返る。

心というのは200本以上のか細い弦が織りなすピアノのようなものであって、ときどき調律を心がけないと、「ここぞ」というときに本来の力を発揮できない。

いつのころからか、長谷部選手には一つの習わしができていた。それは寝る前に30分、心を鎮める時間をつくることである。友人にどんなに誘われても時間がくれば断って帰宅してベッドに横になる。目を開けたまま音楽もテレビも消して、息をゆっくり整えて全身の力を抜いていく。激しい練習や緊張でざらついていた心を少しずつやわらげ、ほぐしていく30分。そういう一日の終わり方をつづけて、心を整えてきていたのであった。

＊＊＊

斎藤喜博さんが30歳のときにはじめて出版した『教室愛』（斎藤喜博全集第1巻・国土社）は、教師のつとめの根っこについてさりげなく教えてくれる。子どもは集中力を欠いてざわつくことがある。そのようなとき、斎藤さんは利根河畔の林の中に子どもたちを連れて行った。そして、「少しここでしずかにしていてごらん。とてもよい音が聞こえるよ」と言って耳を澄まさせて過ごした。

相変わらずがやがやしている子どもであったが、聞き耳を立てている先生を見ていつかしずかになり、「あ、先生、水の音があっちに聞こえます」と教える子どもが出てきた。鳥の鳴き声に耳をとめる子ども、草むらのこおろぎの声を聴きとめる子ども、遠くで遊ぶ幼な子の声をキャッチする子どもも出てきた。「どうだ。いい気持ちだろう」と言うと、子どもたちはうれしそうにほほえんで耳を澄ましつづけた。

「私たちはほんとうに一つ心になって、しみじみと楽しいひとときを過ごしたのだった」と斎藤さんは述懐する。子どもたちの心をほぐすためばかりでなく、教師としての自分の心をおだやかにするためにも河畔の林に向かっていたのだった。

＊　＊　＊

『心を整える。』には長谷部選手が意識的に行っている55の習慣が挙げられていて、そのなかには「子どもの無垢さに触れる」もある。「子どもに遊んでもらうと、自分の悩みがすごくちっぽけなことに思えて晴れやかな気分になる」からである。「子どもの純粋さ」が「心の重圧という澱《おり》を洗い流してくれる」からでもある。たしかに、子どもにはピアノの調律師のように、重くなったり固くなったりした大人の心をときほぐす天性の資質がある。

子ども相手に仕事をつづける教師にも、気づかぬうちに〝澱〟が付着してくる。教育の力ではない何か別の力を使って対している自分に鈍感になってくる。子どもに遊んでもらう機会をつくるならば、「教えてやるか」といった高飛車な身構えはどこかに吹き飛ばされていく。

《教育の土壌》をはぐくむ「弁当の日」

「弁当の日」というのは、給食に慣れた子どもたちに、たまには親の愛情のこもった手づくり弁当を持ち寄らせようとする試みだと思ってきた。しかし、それは大きな間違いで、親の手を借りずに自分で弁当をつくることが切り口になって、家庭を変え子どもを変えて《教育の土壌》を豊穣にしていこうとする試みであった。

「弁当の日」が実施されるようになったのは平成13年。提唱者は香川県の綾南町立滝宮小学校校長の竹下和男さんである。竹下さんの思いは、ノーベル化学賞を受賞した野依良治さんのそれと重なる。「学力低下への対策」を聞かれた野依さんは、教育現場が取り組むべき問題を逐一挙げることはせず、「遠回りのように思えるけれど」と前置きして「家族がそろって、ゆっくり食事をとることとです」と答えるからだ。

子どもが人間として成長を遂げていくためには、「食卓を囲んで、家族全員が今日のこと、将来のことを楽しく語らいながら、感謝の気持ちで食事をおいしくいただく」ことが欠かせない。その団欒の食卓から「親や教師の教えを守る」人格がつくられ、「学力」を身につけようとする構えが生まれていく。このように考えての「弁当の日」の提唱である。

＊＊＊

小学生は5・6年になると家庭科の授業を受ける。そこで、1学期に調理についての基礎的な知識や技能を学び、10月になったら月1回、自ら献立を立て自ら食材を買いそろえ自ら調理して弁当をつくることになる。

『〝弁当の日〟がやってきた』（A）と『台所に立つ子どもたち』（B）はその試みをひろく紹介し、また医者の鎌田實さんとの対談『始めませんか子どもがつくる「弁当の日」』（C）も、その意義を明らかにしている（いずれも自然食通信社）。

子どもたちのすがすがしい感想を4つ紹介する。（A）

○今日はお弁当をはじめて作って行きました。はじめてだったので起きられないと思って、お母さんにたのんでいたら、お母さんより早く起きてしまいました。ビックリ。
○目が覚めてすぐの包丁はこわかったです。
○自分が作ったほうが、お弁当がおいしく感じるのは、自分が苦労してがんばったからだと思います。
○弁当を作っているうちに体が温まってきた。

はじめて訪れた「弁当の日」、子どもたちはいつもと違う朝を迎えた。待ちに待った遠足や運動会当日の朝とも明らかに異なる、自ら台所に立つ特別な夜明けである。

誰でもおいしい弁当をつくりたいと思うが、なかなかうまくいかない。見栄えはよくても味付けはまったく駄目。そういう「ひじきご飯」をつくってしまった子どもの綴る次の文を読むと、この取り組みの秘めるはかりしれない可能性がうかがえる。

「お昼だ。さあ食べるぞ。食べたらめちゃまずかった。しかし、友達にはそんな顔は見せられない。心で泣いて、顔で笑って食べた。まわりの友達はおいしそうに食べている。私は最後まで食べた。だってどんなにまずくっても自分で作ったんだし、材料がもったいない。

それともう一つ。『お弁当の日』はお父さんの笑顔に会える日にもなりました。だって、私が心をこめて、お父さんにも弁当を作ってあげるからだ。お父さんはいつも、全部食べて、空の弁当箱を持って帰って、『おいしかったよ』と言って笑ってくれます。あのひじきご飯のときも、おいしかったよと言って、ニッコリしてくれた。お父さんゴメンネ。今度はもっとおいしいものを作ってあげるね。文句ひとつ言わずに笑ってくれたお父さん。お父さんのやさしい心が私にはとてもうれしかった。そして、ますますお父さんが好きになった」

弁当の出来不出来は口にすればすぐ分かって、同じ弁当を家族が食べれば、ほぼ同じ評価が下されるものだ。「ひじきご飯」を作ったこの子どもは暗い気持ちで帰宅した。その不出来についてはふれることをせず、「おいしかったよ」と笑って伝える父に、「お父さん、ゴメンネ」とつぶやいて「今度はもっとおいしいものを作ってあげるね」と誓う娘である。

調理の腕はこうして、誰にも言えない「口に残る痛み」に恥じ入ったり、食してくれた人から届けられる「温かい言葉」が肥やしになったりして、少しずつ身につけられていくのだろう。鎌田さんは「娘が会社にいるお父さんのことを思うなんてことが一度でもあれば、家の空気が変わります。〝弁当の日〟は人と人もつなげていくのですね」と述べる。その発言を受けて、竹下さんはある家庭のことを話す。(C)

――父は、娘が早起きして作ってくれた弁当を受け取ると、思わず目がうるんでしまった。昼食の時間になったら、「娘の作ってくれた弁当だ」と自慢しまくった。誰がどのようにほめてくれたか、その言葉をしっかり覚えて弁当を味わった。夕食の食卓では父のうれしそうな報告で盛り上がり、母も娘も団欒のひとときをこよなく楽しんだ。

「そういう場面が家族の絆をつくっていく。大会で優勝したとか、テストに合格したとか、成績が上がったとかじゃなくて、日常の生活の中で家族の絆というのが本当に深まり、子どもの悲しい事件や事象というのは、減らしていけますよ」と竹下さんは自信を持って述べる。私もそう思う。

＊＊＊

竹下さんの著書には、子どもたちのつくったたくさんの弁当の写真がカラーで掲載されていて、それらを見るだけでも心がほんわりと温かくなる。「当たり前のことですが、一つとして同じお弁当はありません」というコメントは、まさに的を射ている。

「台所に立つ娘の背中が大きく見えるようになった」と述べる母親がいる。危なっかしい手つきにハラハラして手を貸そうと思ったあのころとは、見違えるような娘の立ち居ふるまいを目にした母の喜びである。竹下さんによれば、子どもは次の二つの場面で自分自身の存在感を感じとる。それは「自分を育てることに生き生きしている親をみる時」と「自分の成長を喜ぶ親をみる時」である（朝日新聞・平成22年2月11日）。

今の子どもには「生きる力」がないと言われるが本当だろうか。子どもたちにはやらせればできるのに、やらせていないだけではないのだろうか。それなら子どもたちがやりたくなることを計画すればいい。親も教師も学ぶものがある。（A）――竹下さんのこの言葉も、私は忘れずにおきたい。

＊＊＊

竹下和男校長は「これであなたたちは、『弁当の日』をりっぱに卒業できました」と締めくくる一文を、『卒業文集』に書き贈った。そこには、この取り組みが《土壌》になってはぐくまれていく資質や力量が、「20のメッセージ」として列挙されている。そのなかから9つを挙げる。（A）

○食事を作ることの大変さがわかり、家族をありがたく思った人は、優しい人です。
○食材がそろわなかったり、調理を失敗したりしたときに、献立の変更ができた人は、工夫できる人です。
○かすかな味の違いに調味料や隠し味を見抜けた人は、自分の感性を磨ける人です。
○一粒の米、一個の白菜、一本の大根の中にも「命」を感じた人は、思いやりのある人です。
○食材が弁当箱に納まるまでの道のりに、たくさんの働く人を思い描けた人は、想像力のある人です。
○「あるもので作る」「できたものを食べる」ことができた人は、たくましい人です。
○自分が作った料理を喜んで食べる家族を見るのが好きな人は、人に好かれる人です。
○家族が弁当作りを手伝ってくれそうになるのを断れた人は、独り立ちしていく力のある人です。
○家族がそろって食事することを楽しいと感じた人は、家族の愛に包まれた人です。

◇「弁当の日」は全国にひろがり、平成25年2月22日現在で1150校で実施されているという。

1965年、それは日本人がキツネにだまされなくなった《悲しい年》であった

高さが30mを超える大木は、ポンプを持たないのに、どうやって水をてっぺんまで送っているのだろう。大雨が降って増水するとき、源流に棲む魚たちはその数時間前に小石を飲んで流されないように体を重くするというが、どうやって天気の変化を読みとっているのだろう。

1970年代に群馬県の上野村に居を移し、畑をつくり森をめぐり渓流釣りをして村人と暮らしてきた内山節さんは、このような〝素朴な疑問〟をいつもいだいて、人と自然について思索を深めてきた。

まだ20代であったある夏の夜（12時ころ）、内山さんは東京の本郷の町を歩いていた。目を落とすと、一匹のヤドカリがセカセカと歩いている。歩いては立ち止まり、ため息をつくような素振りをみせてはまた歩き出し、大通りを横切り路地を曲がる。目的地に向かって、一心に急いでいるように見受けられるヤドカリであった。

デパートか夜店の水槽で飼われ、いつか誰かに買われていく身であったのだろう。2時間後、ヤドカリは湯島にさしかかった。その方角の先には上野、浅草があって、そして東京湾がある。そうか、ヤドカリは自分の足で歩いて、海に帰るつもりなのか――。それならば、汚れた東京

湾より、もう少しマシな海に連れていってやろう。内山さんはそう考えて拾いあげ、家に連れて帰った。捕まえられたヤドカリはひどく落胆した様子でエサも食べず、箱の隅でしょんぼりしてきていた。

翌朝、朝一番の特急で内山さんは館山に向かう。列車が海岸線に出て潮風が伝わってくると、気落ちしていたヤドカリはにわかに騒がしくなり、ありったけの力で抵抗をはじめた。館山で下車してバスで洲崎まで行き岩場に立つと、ヤドカリは渾身の力をふりしぼって内山さんの手を押しひろげ、岩の上へと飛び降りて行った。

ヤドカリ1匹のために、こういうことのできる人がいる。『自然と労働』（農山漁村文化協会）を読んで思わず胸がいっぱいになったのは、20年ほど前のことである。

＊＊＊

上野村に居を移し、また各地を川釣りで歩くようになってから、内山さんは「キツネにだまされた話」をたびたび耳にした。タヌキにもイタチにも、人間たちはだまされていた。ところがよく聞いてみると、その話はいずれも1965年（昭和40年）以前のことで、この年を境にして、「キツネにだまされた話」は全国のどの地でも、ほぼ一斉に消えていた。この不思議な謎は内山さんのなかで大きくふくらみ、長期にわたる聞き取りが始められることになった。

実は1965年ころ、日本の山村はどこでも「もの静かな革命」に見舞われていた。社会をゆるがしたその〝地殻変動〟のありようが明らかになって、内山さんは『日本人はなぜキツネにだまされなくなったのか』（講談社現代新書）を出版した。

詳細は同著にゆずるが、日本人が「キツネにだまされる能力」、つまり「キツネからの働きかけに応じる能力」を衰退させられることになったのは、例えば、経済成長や科学・技術の振興によって「ものごとの認識のしかた」を変えなくてはならなくなったからである。また、電話・テレビ・週刊誌などの普及によって、情報のあり方やその伝達のされ方が大きく変化したからでもある。高校・大学への進学率の向上と受験教育の浸透によって、「村の教育」が不要視されるようになったこと、つまり、「必ず『正解』があるような教育」が求められるようになったことも関わりをもつ。

内山さんによれば、「村」という言葉は、そもそも人間社会を意味する言葉ではなかった。それは「自然と人間の暮らす社会」を指すものであった。動物はときに作物を荒らしにきて、村人にとって害獣となる。しかし、たとえそのような事態に直面することになっても、「同じ村に暮らす仲間」として動物に接してきた。「仲間」だといいながらも猟の対象にもする。尊敬を払いながら害獣ともみなす。それが「村人を包んで成立していた世界」であった。

内山節さんは述べる。「現代の私たちは、知性によってとらえられたものを絶対視して生きている。その結果、知性を介するととらえられなくなってしまうものを、つかむことが苦手になった。人間がキツネにだまされた物語が生まれなくなっていくという変化も、このことのなかで生じていたのである」

＊＊＊

新美南吉の童話「ごんぎつね」が国語の教科書にはじめて載ったのは１９５６（昭和31）年である。１９８０（昭和55）年になると、教科書会社（６社）がこぞって掲載するようになった。ということは、現在32歳以下の若者は誰もが、小学４年のときに「ごんぎつね」を読んで、大きくなっているということである。

小ぎつねのごんは、村から少し離れた山の中にひとり住んでいた。魚取りに夢中であった兵十に、つい行ってしまったいたずらのつぐないをするため、ごんは彼の家にいわしを投げ込んだり、栗やまつたけを拾ってきて置いたりした。しかし、その思いは兵十の心には通じなかったばかりか、「また、いたずらをしにきたな」と勘違いされて、火縄銃で打ち殺されてしまった。息を引き取ろうとするごんに、「ごん、お前だったのか。いつも栗をくれたのは」と声をかけた兵十である。

小学校の国語教科書には、「ごんぎつね」のほかにも、例えば「手ぶくろを買いに」（新美南吉）、「花いっぱいになあれ」（松谷みよ子）、「きつねの窓」（安房直子）、「雪わたり」（宮沢賢治）なども掲載されている。子どもたちは小学時代、きつねと人間の織りなす様ざまなふれあいの物語を読み味わって、人間としての成長を遂げている。

内山さんが聞き取りで明らかにしたように、１９６５年を境にして、私たちは道端や山の中で「キツネにだまされること」がなくなり、「キツネから送られるメッセージに応える能力」を衰退させていった。しかし、今も国語の教科書や絵本や童話には、キツネの登場する作品がたくさんあって、子どもたちはキツネと心をかよわせ、内面をゆたかにひろげる時間を楽しんでいる。

おとなは、だれも、はじめは子どもだった。――これは、童話『星の王子さま』の冒頭に載せられた献辞の一節である。ちなみに、この名作にもキツネが登場して、星の王子は「たいせつなこと」をキツネから教わって、一輪のバラが待つ星に帰っていく。

幼いころの私たちは、星の王子と同じように「キツネから送られるメッセージに応える能力」を兼ね備えていた。だいじに育ててゆきたい「たいせつな資質」として授かって誕生してきた。しかし、中学、高校、大学へと進学していくにつれて、その資質はこころの奥底で眠らされるようになる。さまざまな知識を一つひとつ覚え込むことのほうが、人生にとって重要だと教えられるからである。

内山さんが明らかにしたように、「1965年」は村を大きく変える転機であった。その「1965年」は、あるとき、それぞれの子どもの身にもこのように訪れて、別の価値観にもとづく生き方へと誘っていく。

＊＊＊

上野村に居を移して「一面に稲穂が垂れる農村の景色」を見るようになってから、内山さんはそこに「歴史の無事が示されている」と感じるようになった。「毎年、過去の営みが再生されることによって、歴史が保存されてきたという感覚」が生まれたからである（『「里」という思想』新潮社）。

図書館に行くと、児童書コーナーで若い母親が幼な子に絵本を読み聞かせていることがある。母親のほうがその世界にひたっているように思えることもある。子育てにあたる身になると、人はこうして《子どものときの自分》に戻る。そして、奥深くに眠らせてきた「キツネから送られるメッセージに応える能力」をよみがえらせ、絵本の世界を子どもと楽しむようになる。

家庭や図書館で「肩を寄せあって絵本を読む親子の光景」を目にすると、同じような〝歴史の無事〟が感じられてこころがなごんでくる。

◇内山節さんについては、拙書『教師の感性をみがく』（教育出版）に「内山節――魚の泳ぎ楽しむ居場所を知る」がある。

第5章　探しものずっとしてます　あると信じたものを

なぜ人は、学校に行かなければならないのだろう

なぜ人は、学校に行かなければならないのか。――息子にそう聞かれても、どう答えていいか分からなかった母親は「行きたくないのなら行かなくていい」と言った。それで、Aさんは小学6年から中学卒業まで学校に通わなかった。

Bさんは「人間が生きていく上で必要な知識は、自然に身についていく。学校に行くと社会性が身につくと言うが、今の学校は子どもをゆがめてはいないか」と、学校に詰め寄った。学校からは反論がなかったので、小学3年の娘を学校に行かせることはやめた。（産経新聞『じゅくーる』取材班・『学校って、なんだろう』新潮社）。

世界に目を向けるならば、学校などそもそも置かれていない地域がある。たとえ設置されていても、学校に通えるのは裕福な一部の子どもで、朝早くから遠くまで水汲みに出て、短い生涯を終える子どもたちはけっして少なくない。

＊＊＊

大江健三郎さんは『「自分の木」の下で』（朝日新聞社）を著し、子どもから大人までの多くの人たちに向けて16のメッセージを贈る。その冒頭に置かれたのは、「なぜ子供は学校に行か

ねばならないのか」である。

この問題について、大江さんは2度にわたって考えることがあった。「大切な問題は、苦しくてもじっと考えてゆくほかありません。しかもそれをするのはいいことです。たとえ、問題がすっかり解決しなかったとしても、じっと考える時間を持ったということは、後で思い出すたびに意味があったことがわかります」

大江さんがこの問題と最初に向き合ったのは、昭和20年、終戦を迎えた10歳の小学生のときであった。そして、長男の光さんを学校に通わせるようになった30代後半から40代のころ、ふたたびこの問題を考える身になった。2度の機会は誰かに指示されて訪れたのではない。どうしても考えざるをえない切実な問題として、眼前に立ち現れてきた。

＊＊＊

光さんは知的な障害を持っていて、将来も「なおる」ことはない。医師にそのように知らされたとき、どのようにこの問題は解いたらいいのか。大江さんにも奥様や光さん自身にもさっぱり見当がつかなかった。

光さんは7歳になって小学校の「特殊学級」に入学した。教室にはそれぞれに障害を持った子どもたちが通ってくる。いつも大きい声で叫んでいる子がいれば、じっとしていることができないでたえず動き回り、机にぶつかったり椅子を倒したりしてしまう子もいる。廊下から覗くと、光さんはいつも耳を両手でふさいで身体を固くして過ごしている。

光はどうして学校に行かなければならないのだろう？　野鳥の歌だけはよくわかって、その名を両親に教えるのが好きなのだから、３人で村に帰って、森のなかの高いところの草原に建てた家で暮らすことにしてはどうだろうか？——

わが子と家族にふりかかってきたこの問題の解答を見事に導き出したのは、光さん自身であった。光さんはしばらくすると騒がしい音を同じように嫌う友達を見つけ、教室の隅で手を握りあってじっと耐えて過ごすようになった。そして、運動能力が自分より弱いその友達がトイレに行くときは、その手助けをするようにもなった。自分が友達のために役立っている。それは家の中で何もかも母に頼って過ごしてきた彼にとって、「新鮮な喜び」として感じられたのだろう。

そのうち二人は他の友達から離れてＦＭの音楽放送を聞いて過ごすようになり、１年もたつと、「人間の作った音楽」というのは「鳥の歌」よりもよくわかる《言葉》だと気づくようにもなった。バッハやモーツァルトといった作曲家の名前を言いあって、音楽を楽しむ二人が教室にいた。

光さんは小学校を卒業するとその友達といっしょに養護学校に進学し、６年後には高校３年を終えることになった。知的な障害を持つ子どものために設置されている学校は、高校が最後となる。卒業式後のパーティーでは「明日からはもう学校はありません」と何回も聞かされた。光さんは「不思議だなあ」とつぶやき、友達も「不思議だねえ」と心をこめて言い返し、二人とも「驚いたような、それでいて静かな微笑を浮かべて」いた。

学校というのは、光さんにとってもその友達にとってもずっと在りつづけるもの、生きていくうえで在るのがあたりまえのものとなっていたのだろう。「明日からは学校がなくなる」と言われても何が何だか理解できず、不思議がることしかできない二人であった。

＊＊＊

なぜ人は、学校に行かねばならないのか。光さんが学校に通って自ら解いて教えてくれた答えについて、大江さんは次のように語る。

「いま、光にとって、音楽が、自分の心のなかにある深く豊かなものを確かめ、他の人につたえ、そして自分が社会につながってゆくための、いちばん役にたつ言葉です。それは家庭の生活で芽生えたものでしたが、学校に行って確実なものとなりました。国語だけじゃなく、理科も算数も、体操も音楽も、自分をしっかり理解し、他の人たちとつながってゆくための言葉です。外国語も同じです。／そのことを習うために、いつの世の中でも、子供は学校へ行くのだ、と私は思います」

つまり、光さんが教えてくれた「人が学校に行かねばならない」理由というのは、「自分をしっかり理解し、他の人たちとつながってゆく」ための様ざまな《言葉》を習うところにあった。

ここで《言葉》というのは、国語の授業で習う「言葉」を指すのではない。もちろん、正確に話したり的確に書いたりする「言葉」を身につけることはだいじである。しかし、大江さんの言う《言葉》というのはそうではなく、「自分の心のなかにある深く豊かなもの」をしっかり確かめ、それを他の人に伝え、そして「自分が社会につながってゆく」ための《扉》を意味する。したがって、理科であれ算数であれ体操であれ音楽であれ、様ざまな分野の《言葉》を習い、世の中に向かって《自分の扉》を開けるために子どもたちは学校に行くのである。

＊＊＊

大江さんが島小学校を訪問したのは、光さんの誕生する1年前（昭和37年）、27歳のときである。実現すれば歴代はじめてとなる「文部大臣の学校参観」が斎藤喜博校長によって断られての訪問である。そのルポルタージュは『文藝春秋』に掲載されて、多くの人びとの関心を呼んだ（『厳粛な綱渡り』文藝春秋社所収）。

大江さんの目に入ることになった島小学校で学ぶ子どもたちや教室で展開される授業は、例えば次のとおりである。

1年生の子どもは「サイヅチ頭、眉根がせまり額はせまく頰骨がとびだし、エラは張り、鼻はアグラをかき、唇はめくりあがり、耳はちぢこま」っていて、「純粋な百姓の顔」をしていた。しかし、その顔は「自分自身を解放してくれる場所と人をみつけて、そこに生きている自分に信頼をもった顔」であった。

算数の授業を受ける2年生の子どもは、「見たところお行儀の悪い、混乱した子供たちの印象」であったが、「クラス全体に有機体のような複雑な統一、組織の感覚」があることに気づかされた。「子供どうしの横のつながりが、先生との縦とのつながりをさまたげるどころか、かえってそれをおしすすめるという感覚」のなかで「解放感」が教室のなかに生まれていた。

分校で参観した6年生20人の国語の授業は、大江さんにとって特に印象深いものとなった。先生と子どもたちが「ほぼ2行ほどの文章」についてくりひろげる話し合いは熱を帯びていて、議論は「その時間いっぱいと翌日の国語の時間いっぱいかかって、しかもなおすっかり解決した」というところまではいかなかった。「教室で困ってしまって考えこんでいる先生を美しく感じた」のははじめてであったという。

「子供たちの物の考え方を立体化し、かれらを新しい考え方の局面にみちびくことは、そばで見ているぼくに、いわば芸術的な感動をあたえるものだった。教師が子供たちの葛藤にまきこまれて新しい解決をさがしもとめているように、参観者のぼくもまたその葛藤のなかにいるのだった」。大江さんはこのように書き留める。

人はなぜ学校に行くのか。それは「葛藤」のなかに身を置いて「立体化」してものごとを考え、「新しい局面」へと考えがみちびかれる授業を受けるためだと言っていいのかもしれない。

探しものずっとしてます
失くしたものではなくあると信じたものを

探しものずっとしてます失くしたものではなくあると信じたものを　湯木月江

「ＮＨＫ短歌」（平成21年9月27日）の入選歌である。作者はずっと探しものをしてきた。それはメガネとかコンタクトとかカギとか、どこかに置き忘れたり仕舞い忘れたりした小物ではない。また、カバンや机の引き出しを開けたりして、どこにあるだろうと探しているのでもない。

作者が探しつづけているのは「ある」と信じたもの。それは何であって、探し始めたのはいつのころからなのだろう。

例えば中学時代、自分にはどういう仕事が適しているだろうと、ふと考えることがあった。それから自分にぴったりの職業を探し始め、大学生になった今もずっと探しつづけている。そういうことなのだろうか。例えば高校時代、「幸せな人生を送りたい」と思った作者は、幸せってどういうものだろうと考えめぐらすことがあった。あれから20年、30代になって結婚した今も「幸せに生きる」ことの具体を探しつづけている。そういうことなのかもしれない。

また大学時代、授業のなかで「君たちはどう思うか」と先生に投げかけられた問いがあった。その問いを考え深める手がかりは、あいにく持ち合わせていなかった。しかし、とても気になる問いかけで、友達と意見を交わしたり本を読んだりして考えつづけた。まだ納得のゆく答えは出ていない。社会人になってもう少し視野が広くなったならば、また様ざまに人生経験を積んでいったならば、いつか納得のゆく考え方ができるかもしれない。そう思って、どこかにあるにちがいないその答えを探しつづける作者なのかもしれない。

＊＊＊

井上陽水のヒット曲に「夢の中へ」がある。その一番は次の通りである。

《探しものは何ですか　見つけにくいものですか　カバンの中もつくえの中も　探したけれど見つからないのに　まだまだ探す気ですか　それより僕と踊りませんか　夢の中へ　夢の中へ　行ってみたいと思いませんか　ウーウー　ウーウー　ウーウー　サア》

この歌詞のように、冷めた視線を送る人はどの時代にもいる。——何年も何十年も探しつづけたが、見つからない？　ということは、探しつづけている「それ」は、そもそも存在しないということでしょう。あなたが勝手に「ある」と信じていたんですよ。もう探すのは止めにして、いい加減に目を覚ましたらどうですか……と。

「信じる」というのは「少しの疑いもたずに心底からそう思う」ことであるが、「妄信」とか「盲信」と言われる「信じる」がある。よく考えもせず、疑ってみることもせず、みだりに信じることである。陽水の「夢の中へ」には、「確かにある」と手ごたえを感じて探しつづける人を揶揄する趣が感じられはしないだろうか。

＊　＊　＊

大学院で教育や授業について考え始めたとき、私は斎藤喜博の『教育学のすすめ』（筑摩書房）に出会った。その第1章は「学校教育とは何か」で、その第1節「教育の可能性」の冒頭は「教育の原点」と題されて、次のように書き出されていた。

「人間は誰でも、無限の可能性を持っているものであり、自分をより豊かに成長させ拡大し変革していきたいという願いを持っているものである。また誰でもそういう力を持っているものである。教育という仕事は、そういう考え方が基本にあったときはじめて出発していくものである」

そして、「私は教師としてそういうことを信じる。そういうことを信じないかぎり、教育という仕事などはじまらないし、教師としての努力もすることはできないと思うからである」と文章はつづいた。

そのように確信する根拠として挙げられる「島秋人の事例」は、あまりにも強烈であった。小学時代、低能児扱いされた彼にも「毎日歌壇賞」に輝くような歌人としての才能が秘められていた。にもかかわらず、その可能性は引き出されるどころか、国語の試験で0点を取って教師の怒りにふれた。足で蹴っ飛ばされたり棒で殴られたりする教室のなかで、彼の性格は次第にすさみ、「負の歩み」を始めていく。24歳のとき、飢えをしのごうとして農家に押し入った彼は、争って家人を殺害して獄につながれる。

獄中で短歌と出遇いその才能を花開いていく秋人は、高校教師に就職の決まった前坂和子さんに手紙を送った。次の一節はやるせなくて、私の内奥に沁みこんで離れることはなかった(『遺愛集』東京美術)。

「教師は、すべての生徒を愛さなくてはなりません。一人だけを暖かくしても、一人だけを冷たくしてもいけないのです。目立たない少年少女の中にも平等の愛される権利があるのです。むしろ目立った成績の秀れた生徒よりも、目立たなくて覚えていなかったという生徒の中に、いつまでも教えられた事の優しさを忘れないでいる者が多いと多いと思います」

汲み上げても汲み上げても汲み上げきれないほどの可能性が、どの子どもにも秘められている。このことを信じて教育や授業のあり方について考え深めていこうと、このとき私は心を決めた。

＊＊＊

中学の社会科教師であった6年間、私は生徒の内に隠されていると信じる多様な力を引き出そうと努めて過ごした。しかし、それはそう簡単なことではなかった。その後、短期大学で教員養成に携わるようになった私は、斎藤先生からじかに学ぶ機会を求めて教授学研究の会に参加した。

夏冬に開かれる研究大会では、数百名の教師や研究者に交じって先生の熱い話を聞き、その合唱指導によって歌声がしっとりとあるいは高らかに変わる様を肌で感じた。また、そのちょっとした助言で見違えるようにしなやかに変わる参加者の身体の動きを目の当たりにした。いくつもの小学校で開かれる公開研究会にも参加した。合唱や表現の発表では、低学年の子どもは炒り豆が弾けるかのように、また高学年の子どもは冴え冴えと私たちに歌って語る。国語の授業では、教師から投げかけられる発問を切り口にして「知」を紡ぎ出している。子どもには間違いなく「信じられないほどの集中力」がそなわっていて、「追究を深めて過ごす」ことがこのうえもなく楽しく、また誇らしいと受け止められている。どうしたら、その豊穣な可能性が引き出せるのだろう。

斎藤先生はそのタネを明かしてくれるにちがいない。そう思って先生の話に耳を傾けるのだが、「このように指導すれば、誰でも跳び箱が跳べるようになります」といった話は一切聞かされない。授業報告に対するコメントに耳を澄ましても、「子どもがここでこんないい発言をしているのに、なぜそのことに気づかないんですか」といった指摘はあっても、「こうすればいい授業になるんです」といった〝ありがたい話〟はまったく話されない。

先生が口酸っぱく語るのは、人間は誰でも「無限の可能性」を持ち、誰もが「自分をより豊かに成長させ拡大し変革していきたい」と願っていて、「そういう力」は誰もが持っているということ。そして、そのように確信させられるいくつもの事実が、「こういうことがありました。こういうこともありました」と、そのときの《現場》が目に見えてくるように語るのみである。もし、それに付け加えて話すことがあったとすれば、「私は背骨が曲がるような思いをして、その技術をものにしてきました」という一言であった。

目の前の子どもと格闘しながら、根気強く探しつづけていくんです。簡単に手に入れようと思ってはなりません。そのくらい「価値のある探しもの」です。このように述べて、20代の新任時代から行ってきている「探しものをつづける教師人生」に私たちを誘う斎藤先生であった。

＊＊＊

その晩年、斎藤喜博は教育技術を私蔵するけしからん教師であると、向山洋一らから非難された。しかし、先生はどれほど汚い非難を浴びても「その構え」を崩すことなく、教師人生をまっとうした。

教授学研究の会から離れていく教師は先生の存命中にもいたし、逝去した後も数多く出た。それは「あると信じたものを探すこと」を諦めた教師であったり、「あると信じたものは探し終えた」と自任して、「探しだした」と自負するその技術を得意げに伝えひろめる身に転じたりする教師であった。

探しものずっとしてます失くしたものではなくあると信じたものを。

斎藤喜博はなぜ、子どもたちの入場を厳しく責めたのだろう

私の「教育方法」の授業は、最後に「教える——斎藤喜博の教育行脚」（ＮＨＫテレビ・昭和53年放映）のビデオを見て、「教える」といういとなみについて考え深める。45分のこの番組には着目したい場面が次々と出てくるので、心に深く留めたいところは学生によってまちまちとなる。それは例えば、番組の最後を飾る表現「利根川」、坂本遼の詩「春」の朗読指導、跳び箱やマット運動の指導、子どもの絵画作品である。

そのなかに、小学1年生が体育館に入場して「うさぎ跳び」をする場面もある。無造作に歩いて行って座り、マットに歩み出す子どもたちに対する斎藤先生の指導場面である。この場面は『第2期　斎藤喜博全集6』（国土社）に、次のように文字化されている。

つまり、入り口で「ショイ、ショイ、ショイ、ショイと、もっと前へ歩く、もっと前へ歩く」と子どもたちに指示した斎藤先生は、入場後の子どもの歩きに目をやって、先生方に憮然とした表情で語る。「なんか目的のない歩き方ですね、ちっとも目的のない歩き方。だからいろいろの必要に応じて訓練しなくちゃだめ、それが教育なんだから。ちっともそういうことをやっていないからこういうことになる」

後ろを歩く子どもをつっこくった子どもがいると、「またその子やったな、さっきもやったのに」と声を荒立て、憤懣やるかたないといった顔つきで叱責する。

子どもたちはマットの3mくらい手前に座る。最初の子どもが立ち上がって歩いて来ると、「はい、その出方がだめ、もう1回もどって。ここへ来るんだから、ここをねらって、ワーッとちゃんと歩いてくるの」とやり直しをさせる。しぶしぶ舞い戻って、変わり映えもなく歩き出てくると、「はいしゃがんでから、しゃがんでから」とちゃんと座らせ、ゼロからのやり直しをさせる。しっかり歩いてくる子どもには、すかさず「この人の歩き方いいね、まっすぐ前を見て歩くんだ」と誉める。

はやる気持ちで跳ぼうとする子どもがいる。すると、「まだまだだ。どこまで跳ぶかねらいを定める。まだまだ跳べって言わないよ、よく聞いてください。ここまで跳ぶんだから、自分がここまで跳ぼうとするから、なるべく遠くへいくぞ」というように、執拗にそしてねんごろに注意を重ねる。

一連のこの場面に対しては、「斎藤喜博はこの種の指導は滅多にしない。あえて取り上げて放映する意味があるのだろうか」と違和感を表明して、疑問符を投げかける研究者がいる。

＊　＊　＊

この場面をテレビで最初に見たとき、私は身が引き締まった。それは「違和感」の一種であったと言っていいのかもしれないが、どちらかと言えば「身にこたえた」というほうが近い。

あれから30年、学生と毎年見つづけていると、今ではこの場面が来るのを待ち望んでいる私がいる。なぜなら、斎藤先生は教師になったならば心しなくてはならないこと、また、一人の人間としてもおろそかにしてはならないことを指摘してくれている。このように受け止める学生が少なくないからである。

例えば、学生Aは「『歩き方に目的がない』と言った斎藤喜博の目つきが忘れられない。歩き方にも目的があったのだ。教育実習で、だらだらと歩くあの1年生たちに、私は何の指導もできなかった」と、同じような場面で何もできず、ただ見ているだけであった実習中のことをふり返る。

「私は、今まで『さあ！　これから前まわりをするぞ』なんて考えながら、マットまで歩いたことはない。いつもマットの所へ行って、はじめて『まわるぞ』と心のどこかで思う。その程度であった。ただ何となく無意味に過ごしていたのかと思ったら、とても後悔させられた」と、小中学時代の自分を思い起こす学生（B）もいる。

同番組のなかで最も感動を呼ぶのは、「台上前まわり」のできない子どもに懇切に対応する場面であろう。このときに斎藤先生が行っている指導と一貫する原理が、体育館入場後の一連の場面に踏まえられていると指摘する学生（C）がいる。

「斎藤先生は『目的のない歩き方だ。ふだんからそういうことをしていないからだ』と、激しい口調で言われた。その時、私はとてもショックを受けた。私は、今まで目的をもって行進したことがあったか。いつも、先生に『やりなさい』と言われて、嫌々行っていた。先生に「やりなさい」と言われたことはあったけれど、『目的をもって歩きなさい』と言われたことはなかった。子どもの可能性を引き出すことの前提には、まず目的・目標があるのだ。マットまで歩いていく時も、『これから前まわりをする』という目的をもっていなければ、その子はいつまでも現状に留まったままだろう。

台上前まわりをしていた女の子がスタートする時、斎藤先生はその子を送り出していた。あの時間、あの子は『今度こそ』という目的をもつのだろう。私は本当に何でもないようなことで、実は一番大切なものを見落としていた」

ふり返ってみれば、運動会の練習などで私もよく運動場を歩いた。「音楽に合わせて歩くように」と言われたこともあったが、いずれにしても、これから始まることになる種目のために〝ある地点〟へ移動することに変わりない。歩いているときの「内面の世界」が問われることはけっしてなく、整然と歩いていれば教師たちに満足された。

＊　＊　＊

あの場面で、斎藤先生は入場する子ども、そしてマットに向かう子どもの「歩き方」を咎めた。それは、見た目のだらしなさが気になったからではない。その歩き方から子どもの「内面にある世界」が垣間見えて、その無目的な歩きがかもしだす〝空疎感〟にいたたまれなかったからである。

ところで、前述の「台上前まわり」の場面で行った斎藤先生の立ち居ふるまいは、この場面とは明らかに異なる。跳び箱を怖がって後込みしている子どもの真後ろに先生は立つ。そして、「もうひとがんばりだ。思いきり踏み込んでごらん。おお、できる。自分でやる気になれば完全にできるんだけど、やる気あるかな、やるか。橘先生があそこにいるから痛くないからね。いいかい、自分で行くんだよ、思いきり。痛くないから。はい行ってごらん。はい跳びこんで」といったように声をかけて、そっと押し出す。

いよいよ自力でまわれそうになったときには、跳び箱脇に移って子どもを迎える役に代わる。そして、子どもの「補助」は最小限に控えて、「台上前まわり」が成し遂げられたのは先生の力を借りたからではなかったと、しっかり認識させる。

このようにその対し方は明らかに相違するが、学生Cが指摘するように、そこには同一の原理がふまえられていた。つまり、体育館への入場であれうさぎ跳びであれ、はたまた台上前まわりであれ、これからはじまる「学びの世界」をより鮮明に子どもの内面に描かせるという原理である。

「教える——斎藤喜博の教育行脚」には、坂本遼の詩「春」の朗読指導の場面がある。ここでも、同一の原理が貫かれている。

例えば、「空いっぱいになく雲雀の声を」と読み始めた教師に「どうしてそういうふうに読んだの?」と斎藤先生は聞き、「教材の解釈から読まなくちゃいけないわけだ。ただ『おれはそう読みたいから読んだ』じゃ教材はつとまらない」と指摘する。

また、別の教師が「春　おかんはたった一人」と力んで読み始めると、「待ってください」と中止させて「これからケンカにでも行くようで、ドッキリしちゃう。一つの小説を読み出す時も次を予測して読まなきゃだめでしょ。今のじゃ、これからなぐり込みに行くようだ」と指摘する。

つまり、その詩のゆたかな世界が聞き手の内面にひろがるように読み出す。そのためには、読み手がなによりもまず詩の世界に深く入るということである。したがって、体育館でのあの場面に戻るならば、「体育館に入る前から、授業は始まっていなければならなかった。これから授業を受けることになる児童たちが、体育館に集まってくるようであってはならなかったのである」という学生（D）のとらえ方は、まさに的を射ている。

「『目的をもって歩いていない』という言葉を耳にしたとき、ハッとしました。『歩く』ということがあの体育館の場面のみでなく、人生において『歩く』という意味でもあったのです。私に重く押しかかってきました」と、自分の平素の生き方に引きつけて受けとめる学生（E）もいる。教師を目ざす学生にとって、この一連の場面が考えさせることがらは思いのほかに大きい。

オーケストラの指揮者みたいに、1000名を「問題の世界」に誘いこむサンデル教授

ハーバード大学で「Justice（正義）」について30年近く授業してきたサンデル教授が来日し、東大の安田講堂で1000名の人たちに授業を行った。教授は学生たちと対話することをとても楽しみにしてきた。しかし、「日本人はとても恥ずかしがり屋で、白熱した議論を展開させることは難しいだろう」と日本の親しい友人に言われて、半信半疑でこの日を迎えた。

3時間半に及んだ〝白熱した授業〟を終え、そのほとぼりのなかで、教授は次のように感想を述べた（『ハーバード白熱教室講義録＋東大特別授業』上／下・早川書房）。

「私が、素晴らしいと感じたのは、みんなが異なる見解を示し、みんなが心に深く根差した信念によって異議を唱えながらもなお、お互いの意見に耳を傾け合ったということだ。そして、問題の根底にある道徳的原理を探ろうとして議論してきたことだ。／何よりも感動的で、刺激的だったのは、ここにいる君たちと二つの講義で行なった議論が、『哲学は世界を変えることができる』と示してくれたことだ。君たちは意見を闘わせ、正義について共に考える力を見せてくれた。どうもありがとう」

＊　＊　＊

この授業で、教授は「正義」にかかわる問題を6つ投げかけた。そのうちの一つは「どれくらいの所得や富の不平等が社会を不公正なものにするのだろうか？　高額の給料を稼いだり巨額の富を保有したりする人もいる一方で、ほんのわずかしか富を持たない人もいるのは不公正だろうか？」」である。

日本の教師の平均年収は約400万円である。いい給料ではあるが、それほど高くはない。日本で最も高額の所得者はイチローで約15億円、教師の平均的な年収の400倍に当たる。この年収は「値する」ものであろうか？　そう尋ねられて参加者の圧倒的多数は「値する」方に挙手した。

教授はもう一人、オバマ大統領を取り上げてその年収が3500万円であると伝えた。イチローの稼ぎはオバマ大統領の42倍にあたる。この事実が知らされると会場はざわめき、次の二つの発言があった。

○イチローは単にチームの一員としてプレーしているだけだが、オバマ大統領はアメリカ国民にすべての責任を負い、核兵器使用についての決定権も持っていて世界中の人々への影響力がある。（教授「イチローのしていることは、オバマ大統領のしていることより重要ではないということのようだね」）
○イチローは人びとを楽しませ、多くの人に生きる支えを与えて給料をもらっている。オバマ大統領のやっていることは確かに重要ではあるが、扱っているのは「問題」であって、わざわざ見たいものではない。

授業は次の段階に進む。イチローの高額収入の半分は税金として徴収され、貧しい人を助けるために使われている。これは間違ったことであろうか？　そう問いかけられると、次のように相対する主張が噴出して会場は揺れにゆれた。

A　イチローが自発的に寄付するのであればいいが、課税するのは間違っている。

B　行き過ぎた課税は、当人のやる気を失わせる。

C　イチローは本人の努力と才能によって稼いでいる。その給料は市場で決められていて、国家がそれを再配分するように強制することは間違っている。

D　政府には貧しい人に対して最低生活基準を保障する役割があるので、その実現のためには誰もが協力しなければならない。金持ちになれたのは社会がその機会を与えてくれてのことであるから、貧しい人を気にかける義務を負っている。

E　「貧しい人々を救うこと」のほうが「豊かな人の自律の権利」よりも大切だから、政府の課税は正当化される。

F　10億ドル稼ぐ人に5億ドルの課税をしても痛くもかゆくもないし、そのことで貧しい人たちには多大な効用が得られる。

参加者は「そのとおりだ」とうなずいたり、「確かにそうだが……」と首を傾げたりしながら、自身の認識を吟味しつづけた。

＊　＊　＊

優れた授業には、学ぶべき原理・原則が数多くふくまれている。サンデル教授の「正義」の授業は深い「政治哲学」の学識によって支えられていて、また、私たち教師が心に刻んで生かしたい授業展開についても教えている。

授業を受けたある学生は、インタビューに答えて次のように述べた。「わざと反対のことを言って、こう引き出すのをオーケストラの指揮者みたいに分かってやっているんだろうなと、存在感があるがそれが威圧感にならないような人間的にすばらしい先生だった」

指揮者は「楽譜」を深く解釈して指揮し、その楽曲の世界を楽員と創りあげていく。サンデル教授の授業には、参加者はもとより教授自身にも「楽譜」にあたるようなものは存在していない。しかし、まるで交響楽を演奏するかのように「授業展開の道筋」を見通して「学び手の発言」を引き出し、それを織りあわせて授業の深みへと導いていく。「オーケストラの指揮者」みたいであったという実感である。

周知のように、教授の授業は「自身の知る高邁な知識を順序だてて披瀝し伝達していく」ものではない。参加者の奏でる〝音色《ねいろ》〟にじっと耳を傾け、その〝音色〟がきわだつように会場に鳴りひびかせ、別の楽器にもその楽器ならではの〝音色〟を奏でさせる。共鳴することは難しいであろうと思われるような不協和音を出させたり、教授自らも発したりして学び手をゆさぶり、それぞれの考える「正義」についての認識をゆるぎないものへと導く。

ところで、安田講堂でのあの3時間半、参加者のほとんどは黙して過ごした。発言者は30名もいなかったのではないだろうか。サンデル教授は「オーケストラの指揮者みたいな教師」であったというのだが、一言も発言せずに過ごした参加者にとっても、そのように受けとめられていたのだろうか。

彼らは授業の「蚊帳の外」にいつづけたのではないし、会場に鳴り響く楽曲を「聴衆の一人」として聞きつづけたのでもない。彼らもまた「演奏者の一人」として授業を楽しんでいた。ひびきわたる〝音色〟に耳を澄まし、つまり、発言者の言葉や教授の言葉に共鳴して、自身の〝奥深くに眠っている音色〟をたぐりよせることがあった。思いもよらず〝移調〟したり〝転調〟したりするときには、その調べに身を任せて曲調を味わった。そのようにして、「正義」について多層から考える時間を楽しんでいたように私には思える。

＊　＊　＊

佐渡裕さんは大阪城ホールで、アマとプロをふくめた一万人の「第九」をずっと指揮してきた。その経験をふり返って思うのは「1万人とのコミュニケーションのコツは、引出し上手というか、聞き上手でなければいけない」ということで、指揮者として大切なことは「相手の言いたいことを的確に言わせるタイミング」だと言う（『感じて動く』ポプラ社）。

そのためには、指揮者のなかに「自分たちが到達しなければならない場所のイメージ」が鮮明になければならない。そのイメージを明確にもっているならば、もし「集団の中で違うベクトルをもっている人がいても、進む方向を間違えることはない」とも言う。

佐渡さんが指揮するときに心していること、それは教師が授業するときに心しなければならないことと重なる。サンデル教授の場合も、「自分たちが到達しなければならない場所」のイメージを1000名の参加者と共有して授業に臨んでいた。そして、参加者に的確なタイミングで発言を求め、その発言を生かして別の見解をさそいだし、そうして「到達しなければならない場所」に向かって歩を進めていった。

指揮者のすぐれた曲の解釈と指揮により、第一バイオリンがすぐれた音を出せば、それが他の楽器にひびいていき、他の楽器もすぐれた音を出す。それがまた第一バイオリンにもどっていって、第一バイオリンもさらにすぐれた音を出すようになる。いつでも個人の出したよいものが全体に影響し、それがまた個人にもどってきて、その個人の可能性をさらに引き出すことになる。——このように述べるのは音楽家でも音楽評論家でもない。

それは「斎藤喜博」という教育者で、斎藤さんは「教育の場合も同じである」と言葉をつなぎ、授業の醍醐味を明らかにしていく（『授業』国土社）。

そういえば、斎藤さんは「授業の展開」について語るとき、リズムとかテンポとか旋律とかの音楽用語を用いることが多かった。例えば、『教育学のすすめ』（筑摩書房）には、次のようなくだりがある。

「すぐれた授業は、一時間の授業の流れのなかにかならずリズムがあり旋律があり、音色のようなものがある。また、衝突・葛藤があり、衝突・葛藤の結果として生まれる発見がある。授業者である教師は、そういうリズムがあり旋律があり、音色があり、衝突・葛藤が起こるような授業をつくり出すことにつとめなければならない」

また、次のようにも語る。「異質なものをつくり出し、それを激しく衝突させ葛藤を起こさせることによって、新しい思考とか感情とかはつくり出されてくるのである。異質なものがぶつかった結果として、リズムが生まれ、旋律が生まれ、音色が生まれ、ドラマが生まれ、そのなかから新しいものが生まれてくるのである」

考えればふしぎなことである。《すぐれた授業》を展開する教師には「オーケストラの指揮者」と同じ資質がそなわっていて、《すぐれた演奏》を指揮する音楽家には「授業を的確に組織する教師」のそれと同じ資質がそなわっている。

忘れてもいいよ――「教育ははかない」という思想

『教える――斎藤喜博の教育行脚』（ＮＨＫテレビ）のエンディングでは、斎藤喜博さんの次のような言葉が利根川べりを歩く映像と重ねて流れる。

「私はたえず教師の仕事っていうものははかないもんだ、こういうふうに感じ続けてきたんですけれども、こういうはかなさってものが教師の心の中にいっぱいあったときに一つのテコになって、厳しく子どもの事実に立ち向かって創造が生まれてくる。新しい事実が生まれてくる。社会や政治に対しては無力なんだけれども、それを乗り越えるようなみごとな子どもたちが生まれてくる。こういうふうに考えていますね」

ここには、その4年後に70歳で逝去することになる斎藤さんの、教師人生を貫いた教育思想が端的に語られている。

＊＊＊

ある日、星の王子は一輪のかれんなバラの花に別れを告げて旅に出た。６番目に立ち寄ることになった星には地理学者が住んでいた。「あんたは、遠いところからやってきたんだ。りっぱな探検家だ。あんたの星のことを話してもらいたいね」と歓迎された王子は、「ちっちゃい、ちっちゃい星なんです。火山が3つあります」と話し出し、「花も一つあるんです」と付け加えた。

地理学者は火山については記録したようだが、「花のことなんか書かんよ」と関心を示さなかった。「なぜ？　とっても美しいんですよ」と王子が語気を強めると、「花というものは、はかないものなんだからね」とあしらわれた。

あのバラの花は、はかない？——いったい、どういうことなのだろう。王子には理解ができず、「はかないって、どういう意味？」と地理学者にくりかえし聞き返した。それは、「そのうち消えてなくなる」（内藤濯訳・岩波書店）ということであって、「すぐにでも失われるかもしれない」（池澤夏樹訳・集英社）と言ってもいいし、「近いうちに消えてなくなるおそれがある」（三野博司訳・論創社）と言い換えてもさしつかえないことであった。

あのバラの花には水をやり、ガラスの鉢をかぶせ、ついたてを立て、毛虫を退治し、また愚痴や自慢話も聞いてやった。そのバラが「そのうち消えてなくなる、はかない花」だと言われ、王子は深く後悔した。

＊＊＊

竹内整一さんは『「はかなさ」と日本人』（平凡社新書）で、万葉の時代から現代に至るまでの「はかなさ」をめぐる精神史をたどった。

「『はかない』という言葉は、基本的にはネガティブな意味内容をもっていますが、しかし同時に、そこにおいてこそ可能であるような、何かしらポジティブなものを見いだすことができます」と、竹内さんは指摘する。

また、「英語のwantには『望む』と同時に『欠けている』という意味もあります。『～が欠けている』がゆえに『～を望む』ということも起きてくるという事情を示しています」とも述べる。

子どもの事実に厳しく立ち向かって、目のさめるような「新しい事実」を創りだす。社会や政治がどのように力を入れても成しえない「みごとな子どもたち」を育てあげる。そういう教育の展開は、「教育のはかなさ」を身にしみて知る教師によって成し遂げられる。斎藤さんのこの教育観は、「ネガティブである〝そこ〟においてこそ可能であるような、ポジティブなものを見いだす」という精神史の系譜につらなることはまちがいない。

斎藤さんの「はかなさ」論をたどってみる。それは昭和32年、「職人そして芸術家」(『心の窓をひらいて』斎藤喜博全集第3巻・国土社)で、「私は『研究者』ではなく『職人』だ」と書き出し、次のように述べたところから始まる。

「一時間の授業は、その時間が終われば消えてしまうし、すばらしい子どもの姿も、瞬間瞬間のものであって、定着していつまでもあるものではない。(中略)けれども多くの教師は、そういう作品を、そのときどきに創り出すことに全力をあげて工夫し研究し実践している。(中略)『待った』のきかない仕事であるから、それだけたえず授業という真剣勝負の場所で、待ったなしの場所でみがき合うことが必要になる」

そして、昭和38年に出版された『私の教師論』（『斎藤喜博全集』第7巻）では、その第一部を「教育ははかないものだ」から書き始める。そこには横須賀薫さんが「ここが斎藤喜博の独特のところである」（『斎藤喜博　人と仕事』・国土社）と指摘する、次のような一連の文章が書き留められている。

○教師の仕事ははかなさばかりではない。極端ないい方と思われるかもしれないが、教師の仕事は、だいたいにおいてのろわれるものだし、のろわれているものだ。自分にのろわれ、子どもにのろわれ、親たちにのろわれるものだ。

○だから私は、島小を離れたときには、できることなら島小の先生たちにも会いたくない。子どもたちにも、村の親たちにも会いたくない。

○教育の仕事はどこまでも、仕事をしては自ら傷つき、仕事の結果に復讐され、それに堪えながら、歯を食いしばり自分をむちうって、業のように仕事を続けていかなければならないものである。

○こういう意味での孤独さを教師が体験し、それに徹したとき、はじめて教師は弱さに徹した強さを持ち、きびしい強い仕事も生まれてくるのだと思う。

斎藤さんは後年になっても、「誰かが島小の思い出話をするのをひどくいやがり、島小の校舎を見にいった話などすると（何と無駄なことをするのかという意味のことを）声を荒らげ」ることがあった。そういう場面を何回も目撃したと横須賀さんは述べる。

教師になって11年の30歳のとき（昭和16年）にさかのぼる。最初の著作『教室愛』（『斎藤喜博全集』第1巻）を読むと、そこには「教育に失望するのは、まだ自分の熱意がたりないからである。／自分の努力がたりないからである。／決して児童のせいにし、父兄のせいにし、また教育界のせいにしてはならぬ」と自戒を込めた言葉が見られる。

また、「毎日、どの子の心にも、暖かい教師の心をふれしめなければならない。そして全体の子どもに、『先生は誰でも可愛がっているのだ』という、安心と喜びとを与えてやらなければならない」と、自身に言い聞かせるかのようなくだりも見受けられる。そして、その翌々年に出版された『教室記』（『斎藤喜博全集』第1巻）には、「きびしく実践し、静かに深く考えよう」と述べる文面もある。

こうしてみると、斎藤さんの教育に対する「はかなさ」観は30代前半にすでに芽生えていたにちがいない。「できることなら先生たちにも、子どもたちにも、村の親たちにも会いたくない」という50代のその境地は、『教室愛』の「決して児童のせいにし、父兄のせいにし、また教育界のせいにしてはならぬ」という教師としての覚悟と、表裏の関係にあるように私には思える。

40代に入ると斎藤さんは校長職に就き、島小・境東小・境小と17年にわたって「学校の可能性」を追求していった。「目の覚めるような事実」が次々に創り出されて衆目の注がれるところとなったが、その「事実」は時を経ると美化されたり歪められたりして、それぞれの都合に合わせて脚色されていくことが多かった。

その状況を目の当たりにした斎藤さんが「教育ははかない」という思いを《まぎれもない思想》として根幹に据え、教師論を築くようになったのは充分にうなずける。

＊＊＊

重松清さんの『その日のまえに』（文藝春秋社）は心に沁みる小説である（大林宣彦監督による映画『その日のまえに』も原作と同様に心に沁みる）。

結婚して20年、愛する妻（和美）は医師に「余命1年」と宣告された。彼は、夜中、子どもたちに察せられないように、掛け布団を頭からかぶり顔を枕に埋めて泣きじゃくった。熱いシャワーを頭から浴びながら思い切り泣くこともあった。出会ってからの一つひとつのことを味わい直し、いずれ訪れることになる「その日」に向かって、たいせつに一日一日を生きる二人であった。

妻が命を引き取って3ヶ月が過ぎるその前日である。看護師長の山本さんから「和美さんの手紙を預かったんです」と電話がかかった。「亡くなってから3ヶ月たったら渡してほしい。それまでは黙っていてほしい。ちょっとだけ忘れかけたかなっていう頃がいいんだ」と妻に言われたからであった。

——まだ忘れてはいない。それでも、少し遠くなったな、とは認める。5月は振り向いて手を伸ばせば届くところにあった「その日」を、いまはもう、「あの日」と呼び換えたほうがいいのだろうか。いつか、僕は、「あの日」を日付でしか思い出せなくなるのかもしれない。あの日流した涙や、あの日の和美の眠るような死に顔を、忘れてしまうかもしれない。和美はそれを許してくれるだろうか。

彼は近くのカフェで山本さんに会った。「奥さんは迷ってたんです。手紙を書いて、捨てて、でもまた書いて、捨てて……長い文面の手紙もあったんですけど、それも結局捨てちゃいました。こんなのは手紙にしなくてもわかってると思うから、って」と、彼への手紙を書いては捨てていた妻の病床が伝えられた。

「たぶん、子どもたちをよろしくって僕に書いて、子どもたちには、悔いのない人生を送りなさいとか、そういうことなのかな。あとは、いままでのお礼とか思い出とか……」と思い巡らせていると、「何度も何度も書き直して、最後に決めたのが、この手紙です。意識がなくなる2、3日前にお書きになりました」と、封筒が彼に差し出された。

ペーパーナイフでそっと開く。便箋は1枚きりで、そこには〈忘れてもいいよ〉と一言だけ書かれていた。

精神科医の北山修さんが九州大学を退官した。その最後の授業は活字にされ(『最後の授業』みすず書房)、NHK教育テレビでも放映された。北山さんが授業の最後の最後に学生に強調したのは、「いなくなるから取り入れられる」という原則である。

「心と心を深くかよわせる者の間に生まれる」というその原則については、幼いころの遊び「いないいない、ばー」が例に挙げられた。北山さんは語る。

「消えずに、いつまでもだらだらとくっついている母親は、子どもの心の中に取り入れられないと言われています。いなくなるから、上手く消えるから取り入れられる、お母さんのイメージが心の中に残る。(中略) もし、私がみなさんの心の中に取り入れられて、内在化されるなどということが起こるとしたら、それは私がいなくなるからです」

何もしていないように見えるとき、人知れず何かをしているとき

串田孫一さんは「無為の貴さ」というエッセーで、その最後に「私は以前に知らない子供からこう言われたことがあった」と次のように語る（串田孫一集2『智の鳥の囀り――思索』筑摩書房）。

「公園の隅で、その子供は一枚の葉の上で天道虫がじっと動かずにいるのを見ていたので、どうしたのだろう、ちっとも動かないね、すっかり疲れたのかね、それとも……とたて続けに話しかけた時だった。その子供は私の顔をじっと見てから、天道虫はいつも何かしていなければならないの？　何もしないことだってあるよ、と教えてくれた」

このエッセーで、串田さんは「ぼんやりしているのは人間にとって非常に大切な貴い時間である」「子供にとって、ぼんやりすることは確かに必要なのである」と述べて、「無為の貴さ」を強調する。しかし、串田さんが公園の片隅で見かけたこのとき、天道虫はそのようにしてぼんやりする時を過ごしていたのだろうか。そしてまた、その天道虫をじっと見ていた子どもはほかに何もすることがなかったので、ぼんやりながめていたのだろうか。

串田さんの顔をじっと見て子どもが返した言葉から判断すると、子どもは葉の上に動かずに

居る天道虫の様子が気がかりで見つめていたのではない。何することもなくてぼんやり見つめた結果として、天道虫というのは休むことなく葉の上を歩いたり、別の葉に移ったりするものではないことに気づいた。そうかもしれないが、この子どもは天道虫にいろいろ話しかけて静かな対話を内面で楽しんでいたのではないだろうか。二人だけで過ごすその空間に闖入して、したり顔で講釈を垂れる大人を許すことができず、一言進言したのではないだろうか。

＊＊＊

神戸市立御影小学校の校長であった氷上正さんは、斎藤喜博さんにあこがれて学校づくりに努め、眼前にくりひろげられる教育の事実をゆたかに意味づけて私たちに語り教えた。

氷上さんは『授業の可能性と技術』（明治図書）で、「沈黙の子どもも内面には多くのことばをもっている。外に向かって発言はしないが、心の中で多くの対話をしていることを忘れてはならない」と指摘する。そして、子どもの「沈黙のことば」は「沈黙のままに認めることがあってもよいし、教師の触発によって、沈黙が破られるようにすることもだいじである」とつづけて述べる。

どの小学校のどの教室にも、何回も何度も発言を求める子どもがいて、その発言力を重用して授業を進めていく教師が多い。他方、どの教室にも、発言する子どもの影に隠れて進んで発言することのない子どももがいる。

会議に参加しているときの私をふり返ると、思っていることや考えていることを言葉に結実することが難しいときに、発言を求められて困ることがある。その場に流れる「表街道の時間」から身を離して裏通りを散策するかのように、少しずれた視点で考えているときもある。

授業中の子どもの場合も変わりはない。黙して発言しないからと言って、ぼけっと座っているとはかぎらない。授業後に書かれた感想を読むと、反応の早い子どもや教師が見落としていたことに着眼する指摘が書かれていて、もしその視点を生かしたならば別の展開が生まれたかもしれないと、悔やまれることがある。

＊＊＊

林竹二さんは宮城教育大学学長であったとき、「人間について」や「開国」という授業を全国の小・中・高校で300回近くも行った。授業で取り扱われるその内容は大学のゼミのそれと変わらぬ質をそなえていて、それまでもっていた授業観が問い直されることになった。

林さんは活発に発言することを子どもたちに求めない。心を砕くのは「追究を深める布石となる知識」をしっかり伝え、子どもが発言するとその中身の吟味に努めて、子どもの「ことばの根にあるもの」(『授業の成立』一莖書房)をつきとめることであった。

沖縄の久茂地小学校で行われた授業は、「グループ現代」によって撮影された。その記録映画を見て、子どもたちは林竹二が一方的に行う〝講義〟につきあわされていると受け止め、「あれは授業とは言えない」と否定する人がいた。たしかに日ごろの授業とはあまりにも異なるので、違和感をおぼえる子どももいた。それは事実である。しかし、投げかけられた重い問いに向き合って、それまで味わったことのない「知的な楽しさと厳しさ」を身に沁みて感じる子どもも少なくなかった。

それは、例えば「始めぼくは、『はやく授業がおわらないか。』と思っていましたが、でもすぐにおもしろくなって、はやくおわらない方がいいと思いました」(5年生)といった感想から知られる(『授業　人間について』国土社)。

次のような6年生の感想に接すると、私は子どもの気高さに息を吞む(『教えるということ』国土新書など)。「なんだか、わたしはひとりで林先生の講義を聞いているような気がした。けっきょくわたしは一言も発言できなかった。けどわたしはとてもためになったと満足している。たとえ他の人にはそう見えないかもしれないけど、わたしはそれでもいいと思う」

まちがいなく40人近くの子どもたちがいたその教室のなかで、「ひとりでその講義を聞いているような気がした」と言う。両隣の子どもも前の席の子どももそっくり消えて、授業の世界にすっぽり入りこんでしまっていたのだろう。

授業後に書かれた子どものこのような感想や授業中に撮影されたその真摯な表情を受け止めて、林さんは自らの授業観をゆるぎないものとしていった。その一つが「子どもの発言が活発であるのは、子どもが『いる』証拠ではない」という認識である。

活発な発言よりも「むしろ沈黙こそ子どもがもっともふかく授業の中に入り、もっともふかい学習がおこなわれていることの証拠であることが多いのではないだろうか」と指摘したのちに、林さんは「授業は、発言の有無には、無関係に、ひとりひとりの子どもの内面において成立するものなのである」ときっぱりと言い切る（『授業の成立』一莖書房）。

発言の得意な子どもにふりまわされないこと。「発言する・しない」という誰にも見えるものさしで「学びの深さ・浅さ」を判断しないこと。子どもの内面に生じる「学び」の状況を見抜く目を養うこと。「深い学び」を成立させる授業の質を問いつづけること。――これまで深く考えることをしなかった授業の問題に、私はこうして直面することになった。

＊＊＊

ある日、一人の大人が公園のベンチに腰掛けた。ブランコに乗る子ども、滑り台を滑る子ども、砂場で遊ぶ子ども、そしてボール遊びに興ずる子どもがいて明るい声が飛び交っていた。

ふと見ると、公園の片隅に一人しゃがんでいる子どもがいる。何をしているんだろうと気になって近づいてみると、子どもは１枚の葉の上にじっと動かずにいる天道虫を見ていた。「ちっとも動かないね。すっかり疲れたのかね……」と話しかけてみた。

子どもはふり返ってじっと見つめ、つぶやくように言った。「天道虫は、いつも何かしていなければならないの？　何もしてないことだってあるよ」。大人はその通りだと思って並んでしゃがみ込み、黙って天道虫を見つめた。いつのまにか子どもたちが寄って来ていて、１匹の小さな天道虫に心を注いでいた。

授業中の132の発言を再現できる教師がいる

佐藤学さんは、他の教育研究者とは桁が二つも違う数の小中高校の授業を観察しながら研究を深めている。何がきっかけで授業研究にのめり込むことになったのか。それは30年ほど前（昭和56年）、滋賀県のある小学校で行われた研究授業を参観した折に石井順治さんとの衝撃的な出会いがあったからである（『教師花伝書』小学館）。

午前中に行われた研究授業の録音テープが文字に起こされ、その記録をもとに協議することになっていたのだが、授業者はテープレコーダーのスイッチを入れ忘れていて、記録の再生は不可能となってしまった。石井さんは「じゃあ、僕が作るわ」と言って、佐藤さんの目の前で132にのぼる「教師と子どもの発言記録」を作成した。

たまたま参観者の一人が授業を録音していたことが分かって、テープと照らし合わせてみると、石井さんの記憶に間違いはなかった。「石井さんは特に詳しくメモをとるわけでもなく、通常どおり授業を参観していた。その授業をほとんど一字一句にわたるまで再現できるのは神業のように思われた」と、佐藤さんはそのときの驚愕を書き記す。

＊　＊　＊

三重県の小学校教師であった石井順治さんは、教授学研究の会で真摯に学びつづけていた。神戸市立御影小学校長として学校づくりに努めた氷上正さんの主催する研究会にも積極的に参加して、教師としての資質をみがいた。

昭和30年代、島小には来訪する教師が絶えなかった。不意の来訪者も多くて、あこがれる教師の授業を参観してはそれを写真に撮ったりノートに取ったりして、勤務校に戻っていく姿が目についた。斎藤喜博校長はこのような教師を戒めた。例えば『私の教師論』には、次のような指摘がある。

「自分のために、自分の全心身で、そこに展開している事実を、自分の心に焼きつけることのほうが、教師としてはより大切な仕事だと考えている。カメラをいじったり、ノートをとったりしていたのでは、(中略) 刻々に移っていく子どもや授業の流れを的確に心に焼きつけ、それによって生きた授業を展開していくことなどできるはずがない」

教師として肝に銘じなければならないこの「気構え」は、教授学研究の会に参加する者にとっては当たり前のことになっていて、研究会の会場に録音している参加者がいると、「機械に頼ってはだめですよ。この耳でしっかり聞くんですよ。そうしないと力はつかないんですよ」とさりげなく注意する光景が見られた。

石井さんはその教えを受け止めて、日々の授業にも臨んでいたにちがいない。そうでなければ、次々に交わされていく子どもたちと教師との「132にのぼる言葉」を心にしっかり刻みながら授業を参観するなどできるはずはない。

それにしても、いったいどうしたら、授業で交わされた発言の逐一が克明に記憶できて、ありありと再生することができるのだろう。

授業者である教師はもちろんのことであるが、その授業を受けている子どもや参観者の場合も、「授業の一瞬一瞬、一つひとつの言葉をまるごと全身で新鮮に受け止めて学んでいた」場合に、それは可能となる。「未知の場所への旅に譬えることができる」ような授業体験をしていた場合に、発言の逐一の記憶が可能になっていく。そのように佐藤さんは指摘する。

確かに、おしゃべりを交わし合って歩いたり、風景を写真に収めることばかりに気を回していたりしたとき、その旅の記憶は時が経つにつれてしだいに薄れて色褪せていく。もし、目の前にくりひろげられている景観の美しさに心をふるわせ、しばらく立ち止まって見とれたりして歩いた旅であるならば、それはからだのどこかに染みこんで、折にふれてよみがえってくる。

授業も同じことなのだろう。授業案にしたがって先へ先へと進めていこうとする教師は、教師や友達の発言に触発されて生まれたつぶやきが耳に入ってきても、それを掬いとって生かしていくことはない。子どもの発言を都合のいいように聞き取りながら、事前に敷いたレールの上を終着駅に向かっていく。

授業参観者を戒めた斎藤喜博さんの「気構え」は、佐藤学さんの言葉に言い換えるならば、「観察している授業の中を授業者や子どもと一緒にまるごと生きる」ということになる。それは「授業の内側を生きる」ということで、教師と子どもたち一人ひとりの「息づかい」を感じながら授業の世界を旅するということである。

＊＊＊

未知の地を旅するように授業を参観するとき、心におかなければならないことがある。それは佐藤さんによれば、次の三つである。

①　テキストのどの言葉に触発されて生まれたか。
②　他の子のどの発言に触発されて発せられたか。
③　その子自身のそれ以前のどの発言とどうつながっているか。

これらの視点をふまえて子どもの発言を聴くことができるようになると、「テキストを媒介として一つひとつの発言が織物のようにつながってくる」という（『教師たちの挑戦』小学館）。授業の味わい方・楽しみ方は、この指摘に尽きると言っていい。しかし、私の経験から言うならば、そのように心して子どもの発言に耳を傾けて参観していたとしても、もしその授業の質が浅く薄い場合は発言を追って行く意力は殺がれていってしまう。子どもの発したある言葉が気にかかって、「その発言」を生かして展開することはできないかとふと考え込んだりして、進展していく授業とは別の「授業の可能性」をさぐっているのである。

このような体験を思い浮かべると、石井さんが１３２の発言を書き出したというその授業は、きっと内容がゆたかで教材の核心に鋭く迫るものであったにちがいない。そうでないと、子どもの発言を追って記憶に留める思考は途絶えざるをえないからである。

授業中に交わされた１００を超える発言を克明に再現する石井順治さん。この力は本書の冒頭でふれた「画家にとっての《一本の線》」、「演奏家にとっての《一つの音》」、「大工にとっての《刃物研ぎ》」と同質の修行を実直に行って身につけていった、教師の優れた技にほかならない。

「いじめ」の温床となる「学級」は、解体したほうがいいのか?

大津市の中学校で引き起こされたいじめによる自殺（平成23年10月11日）は無残である。いじめはなかった。ふざけて遊ぶ姿は見られたが、それが自殺に追い込むことになったとは思えない。——このように答えて、自殺の責任が自らに及ぶことをガードする教育長や校長の記者会見を聞くと、生徒の「いのち」がこれほどまで軽く思われていることに憤りを覚えてならない。

朝日新聞は各界の34名が子どもたちに語りかけるコーナーを連載した。

押切もえさん（モデル）は「いじめられている君」に、「学校って狭い世界だから、いじめられたらすごくつらいし、苦しいよね」と共感を伝え、「親に言えない気持ち、わかります。せっかく産んだ子がいじめられているって思わせたくないし、告げ口しているみたいでもあり、私も嫌いでした」と、自身の受けた「いじめ」と重ねて心を寄せる。

細山貴嶺さん（タレント）は「いじめている君」に、「幼稚園から中学までずっといじめられました」と打ち明け、「深夜、教室でパンツを脱がされてうずくまった自分をわっと思い出す。心臓がぱくぱくして、涙が出て。親に隠れて包丁を握り、考え込む。死はずっと僕のそばにあったのです」と述べる。そして、「本当は君も何かに苦しんでいるんじゃないだろうか。そうなら、いじめという形で発散せず、誰かに胸の内を話してみてほしい。僕は、君にも救われてほしいんです」と願いを伝える。

田中泯《みん》さん（舞踊家）は「いじめを見ている君」に、「今、君がいじめを見て見ぬふりをしているなら、大人になった君もきっと傍観者だ。面倒な問題とは無関心な安全地帯に身を潜めるだろう。それでいいのか」と問いかける。そして、「いじめられている友達の顔も思い浮かべてごらん。そこで考えた結論が、『大人の君』を決定づけるかもしれない」と、そっと背中を押す。（以上『いじめられている君へ　いじめている君へ　いじめを見ている君へ』朝日新聞社）

＊＊＊

内藤朝雄さん（社会学者）には、10代後半まで気の休まる日々はほとんどなかったようだ。親には幼いときから痛めつけられてきたし、入学した高校では「管理教育」を旗印にする教師たちに監視される日々がつづき、やむなく退学する道を歩んだ。その辛い体験があって「いじめ」を研究テーマに据え、その構造を鋭くえぐり出すことになった。

内藤さんによれば、「いじめ」は「社会状況に構造的に埋め込まれたしかたで、かつ集合性の力を当事者が体験するようなしかたで、実効的に遂行された嗜虐的関与」と定義される（『いじめの社会理論』柏書房）。

「嗜虐的な関与」によっていじめられる子どもは、救わなければならない。どのような手を打ったらいいのだろう。基本的には、次の二つの対策を講じることだと内藤さんは述べる。まず「具体的な暴力を伴ういじめ」に対しては、学校に警察と弁護士を介入させることである。コンビニの店内であれ、路上であれ学校の中であれ、犯罪は犯罪である。警察に通報して、そのような行為は法的に許されないことを知らしめていく。

大津市の中学校や教育委員会には、自殺の原因を糾明する姿勢が弱い。そのように判断した警察は捜索を強行した。自殺してから9ヶ月も過ぎた時点であったが、遅ればせながらの教師や生徒への事情聴取であった。朝日新聞（平成24年9月3日）によると、生徒は話すうちに自責の念から泣き出すことが多かったという。「もっと早く捜査してほしかった」と詰め寄る生徒や「学校は何か隠している」と不信感をあらわす生徒、「先生は一生懸命やっていた」と学校が一方的に非難されることに納得できない様子の生徒もいたという。

いずれにしても、暴行行為が度を超せば、学校内であっても法によって罰せられることを生徒に教える責務がある。私もそう思う。

＊＊＊

内藤さんが挙げるもう一つの「いじめ防止策」は学級の解体、つまり、学級を単位として行う授業の廃止である。「学校という場所に付き物」であった学級は、次のような理由で、いじめの温床となっていると考えるからである（『〈いじめ学〉の時代』柏書房）。

A　本来、見知らぬ間柄でしかない子どもたちを集めて適当に振り分け、朝から夕方まで一つの空間に押し込めて成立していること。

B　教室に集められた子どもたちは、まるで家族のように「仲良し」でいることが無理強いされ、好きでもない人と精神的な距離を置いて付き合うことが許されないこと。

C　大学で「いじめ」が起きないのは学級が固定化されておらず、大勢のなかから友人を自由に選べるからであること。

内藤さんは「大部分の教師は、どこにでもいるような並の人」であると述べる。そして、「平均的な能力の教師でも、無理なく遂行できる」ように、「生徒たちが閉じ込められている極小サイズの水槽を、せめて学校程度の大きさの水槽」に変えて、いじめの発生を防がなければならないと提言する。

「学級」は軍隊や刑務所、隔離病棟と類似して、「生徒を無力化し、従順な存在に仕立てあげる重たい学級」となっている。このように断じるのは柳治男さん（社会学者）である。いじめや不登校、学級崩壊が起こるのは至極当然の成り行きであって、教師たちが「児童・生徒を学級制度の中に入れるために悪戦苦闘している」ことに同情する（『〈学級〉の歴史学』講談社）。

学級制度というのは、いじめを生みだし助長して、自殺に追いやることもあるトンデモナイ制度なのだろうか――。社会学者二人の目は冷めている。

「子ども同士の人間関係はいじめの土壌ともなりますが、その関係をとおして子どもは社会化され、人間的に成長していきます」「学校はいじめが発生しやすい空間を作り、同時に、いじめを克服する力を育てるという、矛盾にみちた存在ということもできます」――こう述べるのは加野芳正さん（教育社会学者）である。

加野さんは「クラスを一つにまとめることは、担任教師の重要な役割」であると指摘して、最近増えている「なれあい型」の学級は群衆化しやすく、「いじめの発生しやすい体質」を備えていると警告する（『なぜ、人は平気で「いじめ」をするのか』日本図書センター）。「いじめの土壌」となりやすい学級で「いじめを克服する力」を育てる。教師が担わなければならないという「重要な役割」は、いったいどういうものなのだろう。

＊＊＊

「学級づくり」こそ「教育のもっとも本質的な営み」である。――斎藤喜博さんがこのように言明したのは、50年も前（昭和35年）であった。この認識には校長を務める島小の各学級でくりひろげられている教育の事実がふまえられている。しかし、斎藤さんが30歳を過ぎて出版した最初の書名が『教室愛』と『教室記』であったことに鑑みると、教師になった当初から「学級づくり」の重要性が認識されていたと考えていい。

授業をだいじにし、授業のなかで、それぞれが自分のもっているものを出し合いながら、お互いに、厳しく、一人ひとりを、また、学級全体を、つぎつぎと変革していくような仕事をしてはじめて、学級づくりはできる。――斎藤さんはこのように指摘する（『心の窓を開いて』

斎藤喜博全集第3巻・国土社所収)。

誰もが思いあたるように、子どもというのは他愛もない意地悪をしたりされたり、ささいなことでケンカをしたりする。親や教師の目を盗んで良からぬことをたくらむこともあるのだが、なぜか感づかれてバツの悪い思いをしたりする。大人になる前にやっておかなければならないことは、山ほど在る。

子ども時代というのはそういうものであるのだが、授業のなかで自分の知らない世界に目がひらかれると誇らしく思う。なかなかできなかったことができるようになると、もっといろいろなことに挑戦してみようと意欲を湧かせる。

斎藤さんは島小の子どもたちのまばゆい表情を、学級での知的な追究と重ねて次のように描写する(写真集『未来誕生』一莖書房)。

——どの子もどの子もが、自分を十全に発揮し、知恵と感動を獲得して行くことができるから、そのときどきに満足したり、「学校というところは何とよいところだろう」「ものを覚えるということは、何とうれしく楽しく、張り合いのあることだろう」という顔をしている。「みんなと力を合わせて勉強するからこんなに楽しくものが覚えられるのだ」と、つぎつぎとものを覚えていくこと、つぎつぎと高い感動の世界や、新しい知識の世界に引き入れられていくことに、からだ全体で喜びを感じ、花の咲いたように美しく輝いた顔をしている。

境小の卒業式で卒業生が述べた「おわかれのことば」を思い起こしたい。そのなかには、次のようなくだりがある（『教育学のすすめ』筑摩書房）。

――先生に教えていただいた通りに、ていねいに基礎から勉強していけば、誰でも泳げるようになり、とべるようになり、歌えるようになるのだということがわかったとき、私たちは、勉強に自信が湧いてきたのです。そして学校がたのしくなってきました。

この6年間、私たちはいつも高い目あてがありました。上級生が示してくれた、美しいとび箱や、美しい泳ぎや、美しい合唱などへのあこがれが、そのまま、私たちの目あてでもあったのです。

6年生になったとき、私たちは、今度こそハレルヤが歌えるという期待とよろこびでいっぱいでした。今までのどの歌より慎重にパート練習をしました。いよいよ合唱することになって、先生が前奏をひきはじめたときの胸の高鳴りと、歌い終えたときのほこらしい気分とは、今でもはっきりと覚えています。

＊＊＊

仲間をいじめることでしか自分の存在性を確認できない子どもは、授業力の乏しい教師によってつくり出される。奥深くに秘めている可能性が次々に引き出されて、からだがほてってくるような授業を受けていると、子どもというのは常に質の高いものへ目を向けるようになる。このことを忘れずに、子どもを見つめていたい。

学校は異質のものがぶつかり合う劇場でなければならない

いじめの問題について、考えつづけている。同質性を強要する学級は「重たい学級」になっている。「大方の教師はどこにでもいる並の人」だから、現行の学級制度のもとではいじめの防止はできない。――こういった指摘が、なかなか頭から離れないからである。

『知の遠近法』『文化と両犠牲』などを著した山口昌男さんの『いじめの記号論』（岩波現代文庫）には、文化人類学の識見をふまえた示唆に富む指摘がある。「じめじめした負の祭り」から脱するということ、学校空間は「異質のものがぶつかり合う劇場」であること、この二つの視点でこの問題を考えてみたい。

＊　＊　＊

山口さんは「いじめは、身近に見れば切実で深刻ですが、広く見れば、人間の文化ではかなり普遍的に起こっていることであると考えられなくもありません」と述べる。そのうえで「学校というものに集約された、あらゆる物を一緒にした均質な空間をつくろうとする社会のあり方」は「もう一度考え直すときに来ている」と指摘する。

学校空間のなかで、子どもたちには「楽しみのために『ちがい』というものをほじくり出す」性向が見られ、それがいじめとして深刻化している。しかし、山口さんによれば、そのことは「必ずしも非難できないかもしれない」。なぜなら、次のようなことが言えるからである。

つまり、産業の発達する以前の社会では、祭りが年に1、2回執り行われ、日ごろ抑え込み溜め込んできた「秩序に対して全く反対のもの」や「悪」をさらけ出すことがゆるされていた。人びとは心のなかに巣食っていた「闇」の部分を祭りで吐き出し、すっきりさせて日常の暮らしへと戻っていった。

しかし、人びとの結びつきがゆるくなり、祭りが形骸化してくるにしたがって、現代社会では心のなかにある「闇」の部分は「じめじめした負の祭り」のなかで晴らさざるをえなくなっている。学校で生起する嗜虐的ないじめは、そういう時代の落とし子としての一面をそなえているかもしれないし、もし教室のなかで「晴れやかな正の祭り」が行われているならば、子どもたちが陰湿な「いじめの祭り」へ向かうことはないのかもしれないからである。

山口さんは「決まりと逸脱」について「劇場」という概念を用いて語る。「劇場」というのは「異質の物のぶつかり合いのあるところ」であって、「ぶつかり合いのなかから全然ちがった可能性、新しいコミュニケーションが出てくる」ところを言う。

つまり、劇場で上演される演劇はどこかで日常を超えていたり、日常に立ち向かっていたり、日常ではありえない世界であったりする。登場する人物の間に対立や葛藤が生じるのはもちろんであるが、観客はその対立や葛藤に巻き込まれて、平素の自分を見つめ直す。

そのように考えるならば、学校空間はそもそも「異質なものの出会いを用意する場」として存在するのだから「子供を包み込む空間である学校は、劇場であるべき」だというのが山口さんの認識である。学級はけっして同調性を強要して、異質性の存在を排除してはならない。一人ひとりがもつ多様なものの考え方に光を当てて、その学級だからこそ創り出せる独自の文化をはぐくむ。そういう豊穣な空間をつくり出していくのである。

山口さんは、「本当の教育」というのは「自分が破壊されるか相手を破壊するか、一種の対決だから危険なもの」であるとも述べる。張り詰めた空気が漂い真剣みのあふれる教室で、教師の手を借りながら、いまだ形を成していないものに形を与えようと知性をはたらかせていく。子どもたちはその「劇場空間」のなかで、精神の根幹を培っていくのである。

＊＊＊

「子どもたちの自主性を尊重する」という名目で、「授業のなかでの本質的なきびしさが失われている」のではないか。林竹二さんはこのように述べて、平板に進められていく授業の問題性をつとに指摘した。「どんな意見にも等価値を認めて、その意見を調整したものが、結論として取りだされる」授業では、「卑俗なもの、常識的なものへの批判」がなく、「教材を媒介としての子どもと教師との格闘」が欠けるからである（『授業　人間について』国土社）。

斎藤喜博さんも「今までの固定した自分の考え方だけじゃだめなんだな、違う問題があるんだな、違う世界もあるんだな、違う考え方もあるんだなってことを、子どもたちの心に起こさせていく。こういう仕事が教師の仕事だ」と、教師たちに強く語った（NHKテレビ『教える――斎藤喜博の教育行脚』）。

教師は授業のなかで「質の高いもの」と出合わせ、子どもの浅い常識をくつがえしていく。子どもたちの考えが微妙に異なる場合にはその相違を明確にして、問題を立てていく。子どもの述べる考えが通俗的な次元に留まっている場合には、目ん玉が飛び出るような問いかけを敢えてしていく。子どもの実態に即して的確に対応し、教室を「知を研ぎ澄ます空間」にしていくのである。

林竹二さんの「人間について」の授業を受けた子どもたちは、内面に生じることになった胎動を次のように書き綴る（林竹二『教えるということ』国土社）。

○林先生は、答えを出すとどこまでも問いつめるので、勉強がたのしくできます。（5年生）
○林先生は、しつもんをしてだれかにかけて、こたえをだすとどこまでもおいつめてくる。でもかんがえる力がのびてくる。そしてすっとあたまにはいってくる。（5年生）

「自分たち人間のことを知っているようでも、何も知らなかった私。このことがわかった時のうれしさは、きっと忘れないだろう」と述べる6年生もいる。子どもたちは知的に追究しつづけることをこよなく楽しみたいと思っている。このことを忘れてはならない。

＊＊＊

客席が大入り満員となる劇場があれば、空席が目立って閑古鳥が鳴く劇場もある。その違いの依ってくるところを探ってみると、何と言っても、俳優の名演技に酔いしれることが期待できるかどうかは大きい。

しかし、上演される筋書きが観客の予想を超えて展開していくこと、思いもよらぬどんでん返しがあって目を離すことができないこと、いつの間にか登場人物になりきって観るように仕組まれていること、言いようのない余韻につつまれて席を立ちかねてしまうこと。こういったこともまた、観客にとってはゆるがせにできない要所となっているにちがいない。

学校はまさに同じような状況を教室に創り出して、〝劇場〟として存在しなければならない。予想がくつがえされる場面に立ち会わされて、つい考え込んでしまっている。気がつくと授業を動かす主人公の一人となっていて、からだがほてっている。そういう〝劇場体験〟をさせ、「晴れやかな正の祭り」をくりひろげていくのである。

学級が〝劇場〟として存在し得ていないと、友達の行動や身なりや人格などのなかに「ちがい」をほじくり出して、「じめじめした負の祭り」に走っていく。「いじめの問題」は授業の質の問題を視界に入れて考察しないと、その輪郭は明確にはならず、核心に迫ることができない。

釣鐘草から聞こえる「うつくしい音」に耳を傾ける人、子どものちらっと見せる「うつくしさ」に心をふくらませる人

私たちは、姿・形・色・音などが整っていて鮮やかで快く感じられるとき、「美しい」と言ったり「きれい」と言ったりする。「美しい」も「きれい」もほとんど区別することなく、同じように言いあらわすことが多いのだが、感じ方に大差はないのだろうか。「美しい花」は「きれいな花」であって、「美しい雲」は「きれいな雲」なのだろうか。

音楽会に行って「美しい演奏だった」と感想をもらすときがあれば、「きれいな演奏だった」と思うときもある。どこかが違うように思うのだが、どうなのだろう。

こういうときは辞書にあたってみるにかぎる。すると、「きれい」は「心地よい充足感や満足感を感じること」で、「美しい」には「心を奪われるような感動」や「いつまでも見ていたり聞いていたりしたいと思うような感動」があると書かれている。「きれい」はその「表面的な美」をたたえるが、「美しい」は「心に染み入ってくるような美」を指すと述べる辞書もあり、「美しい友情」と言うが「きれいな友情」とは言わないと、二つの言葉の守備範囲についてふれる辞書もある。

有田焼の第14代酒井田柿右衛門さんは「どのような陶芸を目指しますか」と問われて、「き

れいなものではなく美しいものです」と述べている（『ロータリーの友』平成23年2月号）。

――きれいは悪いことではありません。ただ、飾られたというか、取り去られたというか。不純物がなくなると、確かにきれいになりますが、味がないじゃないですか。美しいというのは、素顔といいますか、そのままといいますか、日本人だけが持ち合わせている美意識といえばわかっていただけますでしょうか、素顔が出てくる作品を残したいと思っています。

柿右衛門さんにとって、「きれい」か「美しい」かは「味がある」かどうか、「素顔が出ている」かどうかで決められる。「味があって素顔の出た美しいもの」はいつまでも見ていたい、聞いていたいと心が奪われていくということだろう。

＊＊＊

星野富弘さんは体育の中学教師になって2か月が経ったある日、器械体操の指導をしていて不慮の事故に遭遇した。頸髄を損傷して手足の自由を失い、口に筆をくわえて草花を描き、詩をつづって語る活動をはじめた。

その詩画は私たちの心にしみわたる。「心が迷う時、そっと取りだしてみる本です」「私の人生の中で一番厚く、大きな本でした」といった感想がたくさん寄せられている。

『あなたの手のひら』（偕成社）を手にすると、そこには「釣鐘草」に寄せた詩がある。

むかし人は　うつくしい音が　聞きたくて　鐘を作った

すると鐘は　花のかたちになった

ベッドに伏しながら釣鐘草を間近に見つめると、見れば見るほど釣鐘に似ている。どうして、釣鐘そっくりの花を咲かせているのだろう。星野さんは思いをめぐらせて短い物語をつくった。――ずっとむかし、人びとは「うつくしい音」に耳を傾けて心を癒していた。鐘を造って撞いてみると、その音色ははるか遠くまで響きわたっていく。うっとりと耳を澄まして、心をなごませる村人であった。幸せそうな村人の表情をかいまみた釣鐘は、そのとき「花になろう」と決めた。私を撞く音で心がやすらぐのであれば、あちらこちらの草むらに咲いて、私を見つめる人びとに「うつくしい音」を聞かせてあげたい。花のかたちに身を変え、山の向こうの人びとにも「うつくしい音」を届ける釣鐘草である。――

星野さんの『風の旅』（学習研究社）には、次のような詩もある。

花は　自分の美しさを　知らないから美しいのだろうか
知っているから　美しく咲けるの　だろうか

ほんとうにどちらなのだろう。一つひとつの花に問いかけてみたくなる。

＊＊＊

「美しい」と感じるとき、私たちの内面には何が起きているのだろう。塗師の赤木明登さんは漆器づくりに努めてきた半生を顧みて、「ひとつの物語が生まれる場所に、ひとつの『美しい』があるのではないか」と述べる。

つまり、物語というのは「何かと何か」が出会って「震動」が生まれ「さざ波」となって生まれるのだが、その誕生の現場にいつも立ち会っているのが「美しい」である。「喜びであれ、悲しみであれ、もっとささやかなものであれ、人の心をふるわせる物語とともに『美しい』は生まれ、現われて、形になったものはまた何かと出会い、別の物語を生み出していく」と赤木さんは語る(『美しいこと』新潮社)。

「美しい」には「欠落感や孤独感、敗北感」が関係している。このように指摘するのは、作家の橋本治さんである(『人はなぜ「美しい」がわかるのか』ちくま新書)。つまり、「美しい」という感情の根っこには「憧れ」があって、その「憧れ」は「憧れているそれ」が自分には無いから生まれている。ある光景や人の立ち居ふるまいに接して「美しい」と感じるとき、私たちはあまりにも見事なそのことに打ちのめされていて、自分が人間としていかに小さいか痛く感じ入っている。幸福の絶頂にあるから「美しい」と思うのではないということである。

＊　＊　＊

斎藤喜博さんは『君の可能性』(筑摩書房)で、八木重吉の詩「美しくあるく」を紹介する。

美しくあるく
こどもが
せっせっ　せっせっ　とあるく
すこしきたなくあるく
そのくせ
ときどきちらっとうつくしくなる

どんなにみにくいと思い、いやらしいと思う人のなかからも、ときどき『ちらっと』みせる、美しいもののみえる人間になりたいものである。――斎藤さんはこのように述べて、次のように語る。

「そういう美しいものに感動し、自分の心をふくらませていける人間になりたいものである。そうなったとき、もっと人と人は暖かく心をかよわせていくことができるにちがいないし、どの人も自分の持っている美しいものをみせるようになるにちがいない」

釣鐘草から聞こえる「うつくしい音」に耳を傾ける人。子どものちらっと見せる「うつくしさ」に心をふくらませる人。そういう人は、自分の中に欠けているものを自覚していて、その「欠落」を補って心ゆたかな人間に成長したいと望んでいる。「憧れ」をいだく人は様ざまなところで「美しい」と出あって、心の糧にしている。

あとがき

栗田純司さん（古式特技法穴太衆石垣石積石工第14代）は、城郭や文化財の石垣修復工事に携わっている。大学卒業後、県庁の採用試験を受け内定通知を手にしたのだが、人間国宝であった父の万喜三さんはそれを破り捨て、「石積の仕事を覚えるには、最低でも10年はかかる。こんなことをしていて一人前の継承者になれるか」と一喝した。

それで、栗田さんは石積の仕事を始めることになった。大学で学んだ土木の知識を使って、「ここにこれだけの力が加われば、石垣は崩壊する」とか「理論上はこうなる」といった理屈を並べ立てる栗田さんであった。

約1年が経過したころ、父から「ここを積んでみろ」と指示を受けて石を積んだ。栗田さんとしては満足のいく出来栄えであったのだが、父は積んだ石を一気にぶち壊した。どこが悪いのか尋ねてみるが父は答えず、「仕事は教わるものと違う。盗め」と突き放された。「おまえは《石の声》を聞いていない。石と友達になったつもりで語りかければ、自ずと石は積める」と諭されもした。

しかし、《石の声》なんか聞こえるわけがなかった。「そんな馬鹿げたことを言われるくらいなら、いつだってやめてやる」と思ったりして、仕事に身が入らずに過ごしていた。

31歳になって、粟田さんは安土城の石垣の修復にあたることになった。ある石を熟慮の末に収めたとき、「コトン」という音が聞こえた気がして驚いた。「これでよし」と石が答えてくれたように感じられ、「今のが《石の声》というやつか」と父の言葉を思い起こした。仕上がり具合を見てみると、その石はとても気持ちよさそうに収まっていて、石垣には落ち着いた雰囲気が漂っていた。

そのことがあってから、粟田さんはまずは「お前はどこに行きたいのか」と石に問いかけ、《石の声》に耳をすますように変わった。不思議なことだが、《石の声》にしたがって積んでいくと、トン、トン、トンと迷わずに石を置いていけるのだった。

「ただ不思議なもので、こちらが二日酔いをした時や体調のすぐれない時には、同じように問いかけても石は何も答えてくれません。積み手の思考力が弱まっている時には、石のほうもそっぽを向いてしまうものなのです」（「石の声を聞け」『致知』平成18年5月号）

本書は千葉経済大学短期大学部の学生や卒業生たちと行っている「『現場としての授業』をつくるために力をみがきあう会」の会誌に平成19年から書きつづけ、『事実と創造』（一莖書房）にも連載しつづけたエッセイのなかから50篇を選んで編集した。

中教審の答申（平成24年8月）は、教員の資質能力を向上するためには「学び続ける教師像の確立」が欠かせないと言明した。本書が多くの教師や教師を志す学生に読まれてその資質がみがかれて、授業のゆたかな世界へと扉がひらかれることになれば幸いである。

平成25年4月

佐久間勝彦

この本に登場する方々の索引

〈著者紹介〉
佐久間勝彦（さくま　かつひこ）
1944（昭和 19）年千葉県生まれ。早稲田大学第一政治経済学部卒業。同大学大学院修士課程（教育学専攻）修了。神奈川県川崎市立中学校に社会科教諭として6年間勤務したのち、1976（昭和 51）年より千葉経済大学短期大学部に勤務。
現在、同短期大学学長。附属高校校長。
著者：『社会科の授業をつくる――社会に目を開く教材の発掘』（明治図書・1985）、『地域教材で社会科の授業をつくる』（明治図書・1987）『社会科なぞとき・ゆさぶり５つの授業』（学事出版・1992）『教師の感性をみがく』（教育出版・1996）『学級崩壊を超える授業』（教育出版・1999）『フィールドワークでひろがる総合学習』（一莖書房・2003）『教師のこころの扉をひらく』（教育新聞社・2006）
現住所　〒 260-0031　千葉市中央区新千葉 3-12-1

学びつづける教師に――こころの扉をひらくエッセイ50

2013年６月15日　初版第一刷発行

著　者　佐久間勝彦
発行者　斎藤草子
発行所　一莖書房
〒 173-0001　東京都板橋区本町 37-1
電話 03-3962-1354
FAX 03-3962-4310

組版／四月社　印刷・製本／アドヴァンス
ISBN978-4-87074-185-0　C3337